सांप्रदायिक दंगे और भारतीय पुलिस

सांप्रदायिक दंगे और भारतीय पुलिस

विभूति नारायण राय

राधाकृष्ण प्रकाशन

ISBN : 978-81-7119-720-0

सांप्रदायिक दंगे और भारतीय पुलिस

पहला संस्करण : 2000
पाँचवाँ संस्करण : 2024

मूल्य : ₹495

प्रकाशक
राधाकृष्ण प्रकाशन प्राइवेट लिमिटेड
जी-17, जगतपुरी, दिल्ली-110 051
शाखाएँ : अशोक राजपथ, साइंस कॉलेज के सामने, पटना-800 006
पहली मंजिल, दरबारी बिल्डिंग, महात्मा गांधी मार्ग, प्रयागराज-211 001
1, अनमोल सोराबजी संतुक लेन, धोबी तलाव, मरीन लाइंस, मुम्बई-400 002
वेबसाइट : www.radhakrishnaprakashan.com
ई-मेल : info@radhakrishnaprakashan.com

मुद्रक
बी.के. ऑफसेट
नवीन शाहदरा, दिल्ली-110 032

SAMPRADAYIK DANGE AUR BHARTIYA POLICE
by Vibhuti Narain Rai

भूमिका

सांप्रदायिक हिंसा से निपटना किसी भी देश की पुलिस के लिए एक बड़ी चुनौती की तरह है। आम तौर से बहुधर्मी समाजों में विभिन्न मतावलंबियों के बीच हिंसा कोई असामान्य घटना नहीं मानी जानी चाहिए पर इस हिंसा से निपटने वाली पुलिस के लिए जरूर यह एक प्रकार से अग्नि-परीक्षा की तरह होती है। कारण बहुत स्पष्ट है। दंगों से जूझने वाले पुलिसकर्मी लड़ने वाले समुदायों में से किसी एक के सदस्य होते हैं। बिना किसी पक्षपात के शुद्ध पेशेवराना तरीकों से सांप्रदायिक दंगों को कुचलना और संघर्षरत दोनों समुदायों का विश्वास अर्जित करना उनके लिए बहुत बड़ी चुनौती होता है। इसके लिए पुलिस-बलों को अपने प्रशिक्षण, चयन-प्रक्रिया, उपकरणों और व्यवहार में व्यापक परिवर्तन करना पड़ता है। जो पुलिस-बल अपेक्षा के अनुसार परिवर्तन कर पाते हैं, वे इस चुनौती का सामना भी सफलतापूर्वक कर सकते हैं।

इंग्लैंड और संयुक्त राज्य अमेरिका के पुलिस-बल इसके उदाहरण हैं जिन्होंने अपने मुल्कों में नस्ली हिंसा से निपटने के लिए प्रभावी रणनीति बनाई और वे रंगीन अल्पसंख्यकों को पुलिस में अधिक प्रतिनिधित्व देकर तथा प्रशिक्षण और व्यवहार में बुनियादी परिवर्तन लाकर अफ्रो-एशियाई मूल के अपने नागरिकों का विश्वास अर्जित करने में सफल रहे। इसके विपरीत दूसरे उदाहरण दक्षिण एशिया के पुलिस-बल हैं जिनके व्यवहार और प्रदर्शन से इन राष्ट्रों के अल्पसंख्यक अक्सर ही उनके प्रति अविश्वास एवं गुस्से का प्रदर्शन करते रहते हैं। भारत, पाकिस्तान, बांग्लादेश, श्रीलंका, भूटान—हर जगह एक जैसी ही कहानी दुहराई जाती है।

मुझे कई सांप्रदायिक दंगों को एक पुलिस अधिकारी की हैसियत से नजदीक से देखने का मौका मिला है। मेरे लिए हमेशा पुलिसकर्मियों का व्यवहार सबसे तकलीफ का बायस रहा है। हर बार यही लगता रहा है कि पुलिसकर्मी एक खास तरह के पूर्वग्रह और अल्पसंख्यक-विरोधी मानसिकता के तहत काम करते हैं। निश्चित रूप से इसमें उनके दोषपूर्ण प्रशिक्षण का हाथ तो है ही, पुलिस-बलों में अल्पसंख्यकों के समुचित प्रतिनिधित्व का अभाव भी एक बड़ा कारण है। देश के लगभग सभी बड़े दंगों का अध्ययन करने के बाद मेरा यह विश्वास दृढ़ हुआ है कि पुलिस-बलों में कार्मिकों की संख्या, हथियार, वाहन, संचार-उपकरण जैसे 'लॉजिस्टिक्स' में वृद्धि करने से अधिक महत्त्वपूर्ण है उनकी सोच में परिवर्तन लाना। एक बड़ा और सुसज्जित पुलिस-बल इच्छा-शक्ति और धर्मनिरपेक्ष आचरण के बिना वैसा ही प्रदर्शन करेगा जैसा हमने 6 दिसंबर, 1992 को देखा जब बीस हजार से अधिक पुलिस जनों के सामने बाबरी मस्जिद तोड़ दी गई और वे बिना किसी प्रतिरोध के, चुपचाप खड़े देखते रहे।

मुझे जब राष्ट्रीय पुलिस अकादमी की तरफ से सांप्रदायिक दंगों में पुलिस के प्रदर्शन पर काम करने के लिए 1994 में एक वर्ष की फैलोशिप मिली, मैंने बड़ी खुशी के साथ इसे स्वीकार किया। एक वर्ष के दौरान मुझे दसियों शहरों के हजारों दंगा-पीड़ितों से बात करने का, बहुत सारे दस्तावेजों को देखने का और दंगों से निपटने वाले पुलिसकर्मियों से विमर्श करने का अवसर मिला।

इस एक वर्ष के अनुभव से मेरा यह विश्वास और दृढ़ हुआ कि यदि भारतीय समाज को एक गतिशील, प्रगतिकामी, धर्मनिरपेक्ष और तर्काधारित इकाई के रूप में जीवित रहना है तो उसे धार्मिक कठमुल्लापन, अवैज्ञानिक

सोच और ठस्स मानसिकता से उबरना होगा। इस पूरी प्रक्रिया में भारतीय पुलिस भी एक महत्त्वपूर्ण भूमिका अदा कर सकती है बशर्ते कि वह अपने को बदले और देश के सभी वर्गों का विश्वास हासिल करने का प्रयास करे।

यह पुस्तक मूल रूप से हिन्दी में लिखी गई थी। इसका अंग्रेजी अनुवाद पहले प्रकाशित हो गया क्योंकि राष्ट्रीय पुलिस अकादमी में अंग्रेजी में डिज़र्टेशन प्रस्तुत करना था। यह एक मनोरंजक स्थिति है, पर सच है कि अभी भी देश में गंभीर अकादमिक प्रयास हिंदी में स्वीकार नहीं किए जाते।

–विभूति नारायण राय

अनुक्रम

1. अध्ययन और उसकी प्रासंगिकता 11
2. भारत में सांप्रदायिक दंगे : इतिहास और समाजशास्त्र 17
3. सांप्रदायिक दंगों का मनोविज्ञान 55
4. सांप्रदायिक दंगे और भारतीय पुलिस 87
5. अध्ययन के मुख्य निष्कर्ष 110

परिशिष्ट

परिशिष्ट 'अ' 125
परिशिष्ट 'ब' 126
परिशिष्ट 'स' 127

1

अध्ययन और उसकी प्रासंगिकता

सांप्रदायिकता (आधुनिक संदर्भ में) समकालीन बहुलवादी भारतीय समाज के सामने मौजूद सबसे बड़ा खतरा है। इसने भारतीय संविधान के बुनियादी मूल्यों को ही चुनौती दे रखी है। भारत ने स्वतंत्रता के बाद एक धर्मनिरपेक्ष प्रजातांत्रिक व्यवस्था बनाने का निश्चय किया था, किंतु पिछले दशक में हमारी धर्मनिरपेक्ष राज्य-व्यवस्था पर निरंतर खतरों के बादल छाए रहे हैं। यदि भारतीय समाज के बढ़ते सांप्रदायीकरण और इस रोग की बाह्य अभिव्यक्ति—सांप्रदायिक दंगों—को सख्ती से नहीं कुचला गया तो वह आधारशिला ही ढह जाएगी जिस पर हमारे नेताओं ने एक उदार, धर्मनिरपेक्ष और प्रगतिशील समाज बनाने का सपना देखा था।

सांप्रदायिकता किसी एक समुदाय की बपौती नहीं है, और सभी छोटे-बड़े धार्मिक समुदाय इससे प्रभावित होते रहे हैं। भारतीय संदर्भ में सांप्रदायिकता के अध्ययन के लिए इस महाद्वीप के दो सबसे बड़े धार्मिक समुदायों—हिंदुओं और मुसलमानों—के संबंधों का अध्ययन सर्वाधिक महत्त्वपूर्ण पैमाना होगा। इसका अर्थ यह नहीं है कि स्वभावतः सारे हिंदू या मुसलमान या उनकी आबादी की बहुसंख्या सांप्रदायिक है। लेकिन यह भी एक कड़वा सच है कि एक-दूसरे के बारे में सोचते हुए अथवा दूसरे समुदाय के संबंध में कोई धारणा बनाते समय हिंदू अथवा मुस्लिम मानस पर सांप्रदायिक अवधारणाओं का बहुत गहरा असर दिखाई देता है।

भारतीय समाज में समय-समय पर लगभग हर हिस्से में सांप्रदायिक दंगों के रूप में भड़कनेवाली हिंसा इस सांप्रदायिकता की सबसे घृणित अभिव्यक्ति है। हमारे अध्ययन के लिहाज से सांप्रदायिक हिंसा का अर्थ एक ऐसी हिंसा है जिसमें किसी व्यक्ति या समूह को धार्मिक पहचान के आधार पर चिह्नित करके हिंसा का शिकार बनाया जाता है। ज्यादातर मामलों में शिकार की पहचान इस विश्वास से की जाती है कि एक धार्मिक मतावलंबी समुदाय के हित दूसरे धार्मिक मतावलंबी समुदाय के सदस्यों के हितों को आघात पहुँचाकर ही सुरक्षित व पोषित किए जा सकते हैं। यह आवश्यक नहीं है कि हर दशा में सांप्रदायिक हिंसा शारीरिक ही हो। बहुत से मामलों में यह शारीरिक से अधिक मनोवैज्ञानिक होती है। पाकिस्तान जैसी धर्म-आधारित राज्य-व्यवस्था में, जहाँ अल्पसंख्यकों की हैसियत द्वितीय श्रेणी के नागरिकों जैसी है और वे बहुत सारे मौलिक मानवीय अधिकारों से वंचित हैं, इस बात का कोई मतलब नहीं है कि इस समाज में अल्पसंख्यकों के विरुद्ध शारीरिक हिंसा के बहुत कम मामले दर्ज हुए, क्योंकि अपने दैनिक जीवन में अपमानित और वंचित अल्पसंख्यक शारीरिक हिंसा से कहीं ज्यादा यातनादायक अनुभवों से होकर गुजरते हैं। भारत में कुछ समुदायों को अपने भोजन, वस्त्र अथवा त्यौहार मनाने के तरीकों में इसलिए परिवर्तन करना पड़ा है कि उनकी जीवन-पद्धति के विरुद्ध दूसरे समुदाय हिंसक प्रतिक्रिया कर सकते हैं। अधिकांश मामलों में यह परिवर्तन स्वैच्छिक लग सकता है, लेकिन अंतर्धारा के रूप में प्रतिरोध अथवा पहचान खोने की भावना भी आमतौर पर साफ दिखाई देती है। यह भी एक तरह की सांप्रदायिक हिंसा है जो किसी समुदाय को मनोवैज्ञानिक रूप से आहत करती है और जो कालांतर में शारीरिक हिंसा की शक्ल भी ले सकती है।

यहाँ यह उल्लेख करना उचित होगा कि सांप्रदायिक विचारधारा में आस्था रखने वाले सारे सदस्य दंगों में स्वयं भाग लें, यह जरूरी नहीं है। सांप्रदायिक हिंसा में भाग लेनेवालों, उन्हें भड़कानेवालों तथा उनसे सहानुभूति रखनेवालों के अपने-अपने हित एवं औचित्य होते हैं। उदाहरण के लिए सांप्रदायिक दर्शन के शिकार लोग सांप्रदायिक हिंसा में अपनी भागीदारी को इस आधार पर उचित ठहराएँगे, क्योंकि वे स्वयं को हमेशा सही मानते हैं। वे अक्सर यही मानते हैं कि सांप्रदायिक हिंसा में उनकी भागीदारी हिंदू राष्ट्र, दारुलहरम अथवा खालिस्तान जैसे उद्देश्यों को प्राप्त करने के लिए आवश्यक है।

सांप्रदायिक हिंसा से संगठित संस्था के रूप में निपटनेवाले पहले संगठन पुलिस बल ही होते हैं। पुलिस बल प्रादेशिक अथवा केंद्रीय हो सकते हैं। ये सांप्रदायिक हिंसा के तीनों चरणों—इसकी तैयारी, वास्तविक हिंसा तथा पीड़ितों के पुनर्वास—में सक्रिय रूप से हिस्सेदारी करते हैं। भारतीय संविधान के अनुसार कानून और व्यवस्था का मामला राज्यों के अधिकार क्षेत्र में आता है, अतः सांप्रदायिक दंगों को रोकने के लिए राज्य पुलिस का इस्तेमाल सबसे पहले होता है। ऐसे अवसर पर जबकि राज्य पुलिस किसी सांप्रदायिक दंगे को रोकने में असफल हो रही हो, केंद्रीय अर्द्धसैनिक बलों—जैसे सी.आर.पी. एफ., बी.एस.एफ., आई.टी.बी.पी. अथवा सेना को नागरिक प्रशासन की मदद के लिए बुलाया जाता है।

पुलिस बलों में शामिल व्यक्ति भी उसी समाज से आते हैं, जिसमें सांप्रदायिक विद्वेष के कीटाणु फूलते-फलते हैं। पुलिस में भर्ती होते समय वे अपने साथ समाज में व्याप्त सारे दुराग्रह, संदेह, भय तथा घृणा लेकर आते हैं। पुलिस बल में शामिल होने के बाद भी वे अपने समानधर्मियों को 'हम' और दूसरे धर्मावलंबियों को 'वे' कहकर पुकारते हैं।

यों पुलिस बल में शामिल होनेवाले नौजवानों से यह आशा की जाती है कि वे अपनी एक धर्मनिरपेक्ष पहचान हासिल कर लेंगे, लेकिन अनुभव यह बताता है कि उनमें से अधिकांश अपनी धार्मिक पहचान बनाए रखते हैं। खाकी वर्दी में भी वे हिंदू या मुस्लिम ही बने रहते हैं।

अलग पहचान बनाए रखने की इस प्रवृत्ति से ही सांप्रदायिक दंगों में पुलिस बलों की भूमिका सर्वाधिक प्रभावित होती है। ज्यादातर सरकारी जाँचों ने यद्यपि पुलिस को मुस्लिम विरोधी रवैया अपनाने के आरोपों से बरी करने का प्रयास किया है लेकिन अन्य गैर-सरकारी अध्ययन यह साबित करते हैं

कि दंगों के दौरान पुलिस का आचरण वैसा निष्पक्ष नहीं रहा, जैसी उम्मीद की जा सकती है। अधिकांश सांप्रदायिक टकरावों में भारतीय पुलिस ने अल्पसंख्यकों के विरुद्ध स्पष्ट रूप से रेखांकित किए जा सकनेवाले दुराग्रह का परिचय दिया है। इस दुराग्रह के पीछे सबसे महत्त्वपूर्ण तथ्य संभवतः पुलिस अधिकारियों एवं जवानों का प्रधानतः हिंदू होना तथा समाज में व्याप्त पूर्वाग्रहों और सामाजिक प्रवृत्तियों से पूरी तरह मुक्त न हो पाने की उनकी विवशता है। यह दुर्भाग्यपूर्ण है कि एक ऐसी संस्था बनने की बजाय, जो शांति एवं व्यवस्था कायम करने के तटस्थ उपकरण की तरह काम करती, हिंदू-मुस्लिम रिश्तों के संदर्भ में पुलिस एक तीसरे और प्रभावी घटक के रूप में उभरकर आई है। विभिन्न सांप्रदायिक दंगों और उनमें पुलिस संगठनों की भूमिका के अध्ययन से निम्नलिखित तथ्य उभरकर आते हैं :

(क) देश की आजादी में अल्पसंख्यकों के अनुपात के बरक्स विभिन्न पुलिस संगठनों में उनका प्रतिनिधित्व बहुत कम है। 'ब्यूरो ऑफ पुलिस रिसर्च एंड डेवलपमेंट' के एक अध्ययन से यह स्पष्ट है कि सांप्रदायिक रूप से बहुत संवेदनशील कुछ राज्यों में तो यह पाँच प्रतिशत से भी कम है (मध्यप्रदेश–4.2 प्रतिशत, महाराष्ट्र–4.2 प्रतिशत और उत्तर प्रदेश–4.9 प्रतिशत)।

(ख) पुलिसकर्मी समाज से प्राप्त दुराग्रह, भय और दुश्चिंताएँ–वास्तविक अथवा काल्पनिक–लेकर पुलिस में आते हैं।

(ग) अधिकांश सांप्रदायिक स्थितियों में पुलिस का व्यवहार निष्पक्ष अथवा तटस्थ नहीं रहा। (बाबरी मस्जिद गिरने के बाद दिसंबर 1992 और फिर जनवरी 1993 में मुंबई के दंगे इस बात के सबसे बड़े प्रमाण हैं कि एक ही जैसी दो परिस्थितियों में पुलिस की प्रतिक्रियाएँ भिन्न-भिन्न थीं।)

(घ) बहुसंख्यक समुदाय तथा अल्पसंख्यक समुदाय के लोगों के मन में पुलिस को लेकर अलग-अलग अवधारणा है। मुसलमान पुलिस को शत्रु के रूप में देखते हैं, जबकि हिंदू दंगों के दौरान उसे अपना मित्र पाते हैं। अक्सर सांप्रदायिक संघर्ष की स्थिति में अल्पसंख्यकों द्वारा राज्य पुलिस के स्थान पर सेना अथवा अर्द्धसैनिक बलों की तैनाती की माँग की जाती है। बहुत-से मामलों में सांप्रदायिक दंगा पुलिस और मुसलमानों के बीच युद्ध में तब्दील हो जाता है।

यह अध्ययन राष्ट्रीय पुलिस अकादमी, हैदराबाद द्वारा एक वर्ष के लिए मुझे दी गई फेलोशिप के तहत किया गया था। इसका मुख्य उद्देश्य सांप्रदायिक दंगों के दौरान पुलिस की तटस्थता की पड़ताल करना था। इस क्रम में पुलिस-आचरण का विश्लेषण करते समय, मुख्य रूप से सांप्रदायिक हिंसा के दौरान हिंसा भड़कानेवाले विभिन्न तबकों के विरुद्ध पुलिस द्वारा किए जानेवाले बल प्रयोग, तथ्यों की रिपोर्टिंग, तफ्तीश और सांप्रदायिक दंगों के मुकदमों के अभियोजन में सांप्रदायिक भेदभाव, पुलिस हिरासत में लिए गए व्यक्तियों के साथ बर्ताव तथा निरोधात्मक कार्यवाही के समय भेदभाव के अध्ययन का प्रयास किया गया। इस अध्ययन के दौरान अल्पसंख्यक तथा बहुसंख्यक समुदाय के दंगा-पीड़ितों से पुलिस के आचरण की निष्पक्षता के संबंध में विस्तार से बातचीत की गई। इनके अतिरिक्त विभिन्न श्रेणियों के पुलिसकर्मियों से भी बातचीत करके यह जानने का प्रयास किया गया कि इस संबंध में वे क्या सोचते हैं।

यद्यपि इस अध्ययन के ब्यौरों में बहुत सारे सांप्रदायिक दंगों का उल्लेख आएगा, किंतु मुख्य रूप से यहाँ कानपुर (1931), राँची (1967), अहमदाबाद (1969), भिवंडी एवं जलगाँव (1970), बनारस (1977), जमशेदपुर (1979), मेरठ (1986-87), भागलपुर (1989), अयोध्या (1992) और मुंबई (1992-93) में हुई हिंसा के दौरान पुलिस-आचरण को रेखांकित करने का प्रयास किया गया है। अध्ययन दो चरणों में किया गया। पहले चरण में विभिन्न सरकारी दस्तावेजों, जाँच कमेटी की रपटों, राष्ट्रीय अभिलेखागार तथा उत्तर प्रदेश एवं बिहार के राज्य अभिलेखागारों में उपलब्ध सामग्री और पी.यू.सी.एल. तथा पी.यू.डी.आर. जैसे नागरिक अधिकार संगठनों द्वारा प्रकाशित सामग्री से विभिन्न दंगों की विस्तृत रपटें तैयार की गईं। यह एक तरह से इन दंगों के दीर्घकालिक एवं तात्कालिक कारणों का पुनर्लेखन और उन्हें दबाने में कानून एवं व्यवस्था कायम करनेवाली एजेंसियों के प्रयासों का पुनर्मूल्यांकन करने जैसा था।

अध्ययन के दूसरे चरण में बहुसंख्यक एवं अल्पसंख्यक समुदायों के दंगा-पीड़ितों तथा सेवारत एवं सेवामुक्त पुलिसकर्मियों से विस्तार से बातचीत की गई। दंगा-पीड़ित लोग देश के विभिन्न भागों से थे। पुलिसकर्मी भी ऐसे थे, जिन्हें सांप्रदायिक दंगों से निपटने का पर्याप्त अनुभव था। अलग-अलग श्रेणी के व्यक्तियों के लिए अलग-अलग प्रश्नावलियाँ बनाई गईं। प्रश्नावलियाँ बनाते समय यह ध्यान रखा गया कि समाज के सबसे

कमजोर तबकों के लोग ही सांप्रदायिक हिंसा के शिकार होते हैं। उनकी शैक्षणिक पृष्ठभूमि के लिहाज़ से प्रश्नावलियों को अकादमिक लफ्फाजियों से दूर रखा गया। इसी प्रकार पुलिस अधिकारियों के लिए प्रश्नावली बनाते समय यह ध्यान रखा गया है कि पुलिस-तटस्थता के बारे में उनके विचार खुलकर सामने आ सकें।

2

भारत में सांप्रदायिक दंगे : इतिहास और समाजशास्त्र

प्रो. विपिनचन्द्रा के अनुसार सांप्रदायिकता एक ऐसी धारणा है, जिसके अनुसार एक धर्म को माननेवाले समूह के सदस्यों के सामाजिक, राजनीतिक और आर्थिक हित समान होते हैं। यदि इस परिभाषा को समाजशास्त्रीय औजारों से परखें तो इस सोच के मुताबिक भारत में हिंदू, मुसलमान, ईसाई अथवा सिक्ख अलग-अलग राष्ट्रीयताएँ हैं और ये एक-दूसरे से इतने भिन्न और अपने भीतर इतने समरस हैं कि एक धर्म को माननेवालों के धार्मिक हित तो एक हैं ही, उनके गैर-धार्मिक हित मसलन राजनीतिक, सामाजिक आर्थिक और सांस्कृतिक हित भी एक जैसे हैं। इसे थोड़ा और विस्तार दें तो यह भी कहा जा सकता है कि एक धार्मिक समुदाय

के लोगों के हित न सिर्फ समान होते हैं, बल्कि वे दूसरे धार्मिक समुदाय के हितों के विपरीत भी होते हैं।

सांप्रदायिकता की उपरोक्त परिभाषा के कुछ विशिष्ट पहलू इस प्रकार हो सकते हैं :

1. यह बहुलवाद का पूरी तरह निषेध करती है। भारत जैसे समाज में, जहाँ बहुत-सी स्पष्ट राष्ट्रीयताएँ हैं, यदि इस परिभाषा में विश्वास करें तो हमें मानना पड़ेगा कि भाषा, खान-पान, परिधान की विविधताओं अथवा क्षेत्रीय-आर्थिक असंतुलनों के बावजूद किसी धार्मिक समूह के सदस्यों की पहचान और हित समान होते हैं।
2. सांप्रदायिकता को हमेशा एक शत्रु की जरूरत होती है और इस मामले में शत्रु दूसरा धर्मावलंबी ही हो सकता है। इसके द्वारा एक समुदाय के सदस्यों को यह विश्वास दिलाया जाता है कि उनके लौकिक और पारलौकिक हित दूसरे धर्मावलंबी समुदाय के हितों पर आघात पहुँचाकर ही सुरक्षित रखे जा सकते हैं। सांप्रदायिकता के दर्शन में आस्था रखनेवाले यह मानते हैं कि एक धार्मिक समुदाय के रूप में न सिर्फ उनके हित एक हैं, बल्कि इन हितों की रक्षा भी एक धार्मिक समुदाय के सदस्य बने रहने से ही हो सकती है।
3. इस सबका लब्बोलुआब यह है कि हिंदू, मुसलमान, ईसाई अथवा सिक्ख के रूप में रेखांकित विभिन्न समूहों के हित भिन्न और परस्पर विरोधी हैं।

भारतीय संदर्भ में सांप्रदायिकता का आशय मुख्य रूप से हिंदुओं और मुसलमानों के बीच व्याप्त संदेह, भय, प्रतिस्पर्द्धा, कटुता और हिंसा से है। इस अध्ययन का आशय न तो अकादमिक अर्थों में सांप्रदायिकता का विश्लेषण करना है और न ही उन सामाजिक, राजनीतिक, आर्थिक और सांस्कृतिक संदर्भों को रेखांकित करना है जो इसे मजबूत बनाते हैं। हम इसे सांप्रदायिकता की सबसे महत्त्वपूर्ण अभिव्यक्ति सांप्रदायिक दंगों के अध्ययन तक सीमित रखेंगे। हालाँकि यह स्वाभाविक है कि दंगों की चर्चा के दौरान भारतीय समाज के बड़े पैमाने पर हुए सांप्रदायीकरण, इसे बढ़ानेवाली शक्तियों और हमारे समाज पर पड़नेवाले दुष्प्रभावों की चर्चा भी बीच-बीच में होती रहेगी। यह अध्ययन मुख्य रूप से हिंदू-मुस्लिम दंगों तक सीमित रहेगा।

हिंदू-सिक्ख, हिंदू-ईसाई अथवा हिंदू समाज की विभिन्न जातियों के मध्य होनेवाले संघर्ष इस अध्ययन के लिए प्रासंगिक नहीं हैं, अतः उनका उल्लेख यदि होगा तो केवल आकस्मिक ही होगा।

भारत में सांप्रदायिक दंगे मुख्य रूप से ब्रिटिश साम्राज्यवाद के अंतर्विरोधों की उपज हैं। इनके पीछे गौरांग महाप्रभुओं की यह इच्छा थी कि स्वतंत्रताकामी भारतीय जन-उभार को धार्मिक उन्माद में डुबोकर येन-केन-प्रकारेण अपना शासन बरकरार रखा जाए। यह कोई संयोग नहीं है कि राष्ट्रीय स्वतंत्रता आंदोलन के ऐसे प्रत्येक दौर के फौरन बाद, जिसमें हिंदुओं और मुसलमानों ने मिलकर आजादी की लड़ाई में हिस्सा लिया हो, सांप्रदायिक दंगों का ग्राफ एकदम बहुत ऊपर चला गया है। जब तक संघर्ष में तेजी रही और हिंदू-मुसलमान एक-दूसरे के कंधे से कंधा मिलाकर साम्राज्यवाद के विरुद्ध लड़ते रहे, सांप्रदायिक दंगे पूरी तरह से थमे रहे, पर जैसे ही कोई संघर्ष विफल हुआ या नेतृत्व ने आंदोलन वापस लिया, पस्तहिम्मत जनता अंग्रेजों की 'फूट डालो और राज्य करो' नीति का शिकार हो गई और विदेशी शासकों से लड़ने के स्थान पर आपस में ही मार-काट करने लगी। भारतीय स्वतंत्रता आंदोलन के तीन महत्त्वपूर्ण चरण इसके गवाह हैं।

1857-58 के प्रथम स्वतंत्रता संग्राम के दौरान हिंदू और मुसलमान सिपाहियों ने अपने अंग्रेज अफसरों के विरुद्ध अभूतपूर्व एकजुटता का परिचय दिया। उन्नीसवीं शताब्दी के पूर्वार्द्ध में आधुनिक अर्थों में सांप्रदायिक दंगों की शुरुआत हो चुकी थी। बनारस (1809), किउल (1820), मुरादाबाद, सम्भल, काशीपुर (1833), शाहजहाँपुर (1837), बरेली, कानपुर और इलाहाबाद (1837-1852) में हिंदुओं और मुसलमानों के बीच ऐसे संघर्ष हो चुके थे, जिन्हें सांप्रदायिक दंगों की संज्ञा दी जा सकती है। पर 1857 और 1858 दो ऐसे वर्ष हैं, जिनमें एक भी सांप्रदायिक दंगे की रिपोर्ट नहीं मिलती। ब्रिटिश साम्राज्यवाद के नजरिए और स्वतंत्रता संग्राम के दौरान हिंदू-मुसलमानों के बीच कायम हुई। जंगी एकता को समझने के लिए अवध में 1953 और 1855 के वर्षों के बीच घटित हुई घटनाओं पर दृष्टिपात करना दिलचस्प होगा। अमेठी के सूफी संत बंदगी मियाँ के शिष्य मौलवी आमिर अली ने अयोध्या से यह खबर मिलने के बाद कि बैरागियों ने बाबरी मस्जिद नष्ट कर दी है और उस स्थान पर कब्जा कर लिया है, लखनऊ में नवाब वाजिद अली शाह से मुलाकात का प्रयास किया। मुलाकात में असफल होने पर उसने लखनऊ में ही जेहाद की घोषणा कर दी। जेहाद की घोषणा से चिंतित

नवाब वाजिद अली शाह ने समस्या के शांतिपूर्ण समाधान के लिए प्रयास शुरू किए। यद्यपि उनके आदेशों के बावजूद बैरागियों ने मस्जिद से कब्जा नहीं हटाया, किंतु यह जानकारी लखनऊ तक पहुँच गई कि मस्जिद तोड़ी नहीं गई है। मौलवी आमिर अली लखनऊ से अमेठी आ गया और उसने जेहाद के नाम पर हथियारबंद मुसलमानों की एक बड़ी फौज़ एकत्रित कर ली। नवाब वाजिद अली शाह ने घटनाक्रम में सार्थक हस्तक्षेप का प्रयास किया और लोगों से अपील की कि धार्मिक संघर्ष में बल-प्रयोग न करें और मस्जिद मुसलमानों को लौटा दें। नवाब ने मौलवी आमिर अली को भी समझाने-बुझाने की पूरी कोशिश की पर मौलवी अपनी ज़िद पर अड़ा रहा और उसने अपने सशस्त्र साथियों को लेकर अयोध्या की तरफ बढ़ना जारी रखा। सन् 1816 में बहूबेगम और ब्रिटिश रेजीडेंट के बीच हुई संधि के मुताबिक अयोध्या में शांति-व्यवस्था कायम रखने का उत्तरदायित्व ईस्ट इंडिया कंपनी पर था, अतः नवाब वाजिद अली शाह ने ब्रिटिश रेजीडेंट से अंकुश लगाने की अपील की। लेकिन ब्रिटिश रेजीडेंट ने कोई भी कदम उठाने से इनकार कर दिया। यह इनकार किसी सैनिक असमर्थता से नहीं उपजा था, बल्कि इसके पीछे सोची-समझी रणनीति काम कर रही थी। यह रणनीति थी हिंदुओं और मुसलमानों के बीच विद्यमान संघर्ष के बिंदुओं को लगातार उकसाते रहना, जिससे वे एकजुट होकर गुलामी की बेड़ियाँ तोड़ने के लिए संघर्ष न कर सकें। इसके बाद वाजिद अली शाह ने अपनी फौजें एकत्रित कीं और एक लंबी तथा कठिन लड़ाई के बाद हयात नगर के निकट शुजागंज बाज़ार में मौलवी आमिर अली मारा गया। इसके बाद सन् 1855 में हिंदुओं और मुसलमानों के बुजुर्गों ने मिलकर आपस में एक समझौता कर इस समस्या को सुलझा लिया। सन् 1857-1858 में अवध में स्वतंत्रता के लिए भयानक संघर्ष हुआ और इस संघर्ष का सबसे गौरवशाली अध्याय था—हिंदू-मुस्लिम एकजुटता। इस संघर्ष के विफल होने के बाद से ही अंग्रेजों ने निरंतर प्रयास करके बाबरी मस्जिद—जन्मभूमि विवाद पर हुई हिंदू-मुस्लिम एकता को नष्ट कर दिया और इस विवाद को ज्यादा गहरे और भ्रामक आयाम प्रदान किए। परिणाम बड़े स्पष्ट रहे। न सिर्फ उन्नीसवीं शताब्दी के उत्तरार्द्ध में बल्कि आज तक इस विवाद ने देश में सैकड़ों सांप्रदायिक दंगों को जन्म दिया है।

सन् 1857 के स्वतंत्रता संग्राम के बाद सन् 1919-20 में रौलट एक्ट तथा जलियाँवाला कांड के विरोध, खिलाफत और असहयोग आंदोलन के रूप

में पूरे देश में नागरिक सक्रियता की एक ऐसी अभूतपूर्व लहर उत्पन्न हुई, जिसने एक बार फिर से हिंदू-मुस्लिम एकता की बेमिसाल नजीर कायम की। इस दौर में हम फिर पाते हैं कि देश-भर में चल रहे हिंदू-मुस्लिम दंगे पूरी तरह से थम गए। सन् 1858 तथा 1918 के बीच कुछ भयंकर सांप्रदायिक दंगे हुए थे। इनमें कुछ दंगे ऐसे स्थानों पर भी हुए, जहाँ पहले सांप्रदायिक विवाद का कोई उल्लेख इतिहास में नहीं था। इनमें बरेली (1871), मऊ (1893), बंबई (1893), नासिक (1894), पूर्वी बंगाल (1907), पेशावर (1910), अयोध्या (1912), आगरा (1913), शाहाबाद (1917) और करतारपुर (1918) के दंगे क्षति और दूरगामी प्रभावों के कारण उल्लेखनीय हैं।

सन् 1919-20 के वर्ष असाधारण रूप से दंगाविहीन रहे। ऐसा क्यों हुआ कि इनके पहले के वर्षों में चल रहे दंगे अचानक थम गए ? इसका उत्तर भी सन् 1857-58 के वर्षों में दंगे न होने के कारणों में ही निहित है। प्रथम विश्वयुद्ध में लाखों की संख्या में भारतीय सैनिकों ने हिस्सा लिया और एक ऐसे युद्ध में, जहाँ सिर्फ यूरोप के उपनिवेशवादी शक्तियों के हित आपस में टकरा रहे थे और भारतीय जनता के हितों का उनसे दूर-दूर तक कोई वास्ता नहीं था, हज़ारों की संख्या में भारतीय सैनिकों ने अपनी कुर्बानी दी। साम्राज्यवाद के सही चरित्र की समझ न रखनेवाले बहुत-से भारतीय नेता इस भोले भ्रम से ग्रस्त थे कि युद्ध समाप्त होने पर देश को पूर्ण स्वतंत्रता न सही, स्वशासन की दिशा में कुछ-न-कुछ जरूर हासिल होगा। पर युद्ध समाप्त होते ही साम्राज्यवाद अपने सही रूप में सामने आ गया। सबसे पहला उपहार जो भारतीय जनता को मिला, वह था रौलट ऐक्ट। सारे विरोधों के बावजूद केंद्रीय विधायिका ने रौलट ऐक्ट संबंधी बिल पास कर दिया और 21 मार्च, 1919 को यह कानून बन गया। इस कानून के मुताबिक कार्यपालिका को गिरफ्तारी, तलाशी, जमानत माँगने जैसे क्षेत्रों में असाधारण अधिकार दे दिए गए। इस कानून में विशेष अदालतों, बंद कमरों में सुनवाई तथा 'कोई अपील नहीं', जैसे प्रावधान थे। जनता ने पूरे देश में इस कानून के विरुद्ध अभूतपूर्व एकजुटता के साथ संघर्ष किया।

रौलट ऐक्ट के विरोध में जलियाँवाला बाग (13 अप्रैल, 1919) में एकत्रित निहत्थी जनता का जो बर्बर दमन हुआ, उसने ब्रिटिश साम्राज्यवाद के चरित्र के बारे में उस राष्ट्रीय नेतृत्व का भ्रम तोड़ने में मदद की जो ब्रिटिश हुकूमत को अभी तक प्रजावत्सल और भारतीय जनता के लिए ईश्वरप्रदत्त उपहार मानता था। रौलट ऐक्ट के विरोध के साथ ही खिलाफत आंदोलन

और असहयोग आंदोलन भी शुरू हुए। खिलाफत आंदोलन प्रथम विश्वयुद्ध में तुर्की की हार, आटोमन साम्राज्य के पतन और परिणामस्वरूप मुस्लिम विश्व में तुर्की के खलीफा के प्रभाव की समाप्ति के फलस्वरूप उत्पन्न हुआ। इस आंदोलन के पीछे मुख्य रूप से मुस्लिम कठमुल्ला तत्त्व थे और धर्मांधता के चलते ये तत्त्व इस तथ्य की भी उपेक्षा कर रहे थे कि जिस खलीफा के लिए वे लड़ रहे हैं, वह खुद तुर्की में दमन और अन्याय का प्रतीक बन गया है। इसीलिए बाद में जब तुर्की की राष्ट्रवादी शक्तियों ने कमाल अतातुर्क के नेतृत्व में खलीफा के संस्थागत स्वरूप को ही समाप्त कर दिया तो सबसे पहले तुर्की की जनता ने ही इसका स्वागत किया और भारत जैसे देशों में धर्मांध शक्तियों द्वारा चलाया जा रहा खिलाफत आंदोलन अपनी मौत मर गया। अपने मूल में निहित सांप्रदायिक चरित्र के बावजूद खिलाफत आंदोलन ने अस्थायी ही सही, हिंदू-मुस्लिम एकता का एक गौरवशाली अध्याय राष्ट्रीय आंदोलन में जोड़ा। महात्मा गाँधी तथा दूसरे कांग्रेसी नेताओं को इस आंदोलन के माध्यम से हिंदू-मुस्लिम एकता कायम करने का स्वर्णिम अवसर नज़र आया। वे पूरे प्राणपण से इसमें कूद पड़े।

खिलाफत आंदोलन में भाग लेने के साथ-साथ कांग्रेस ने राष्ट्रव्यापी असहयोग आंदोलन भी छेड़ दिया। दोनों आंदोलनों ने आश्चर्यजनक रूप से अंग्रेजी शासन से जनता के असहयोग के रूप में समान कार्यक्रम घोषित किए। 9 जुलाई, 1919 को इलाहाबाद में खिलाफत कमेटी की बैठक में पारित प्रस्ताव और असहयोग आंदोलन के संबंध में अखिल भारतीय कांग्रेस कमेटी के प्रस्तावों में समान रूप से सरकारी नौकरियों से इस्तीफा, सरकार द्वारा प्रदत्त उपाधियों और सनदों की वापसी तथा टैक्सों का भुगतान न करने जैसे कार्यक्रम थे।

1919-20 के दौरान चले संघर्ष में सबसे महत्त्वपूर्ण घटनाक्रम हिंदुओं और मुसलमानों के बीच भ्रातृत्व था। हिंदुओं ने खान-पान संबंधी अपनी संकीर्णताएँ छोड़ीं और मुसलमानों का दिया सब-कुछ स्वीकार किया। मुसलमानों ने मस्जिदों में बोलने के लिए हिंदू नेताओं को निमंत्रित किया। दिल्ली की जामा मस्जिद में स्वामी श्रद्धानंद ने धर्मोपदेश दिया। गाँधीजी और सरोजिनी नायडू बंबई की मस्जिद से बोले। मुसलमानों ने हड़तालों और सत्याग्रह में अपने को हिंदुओं के साथ जोड़ा और हाकिमों की ज्यादतियों के रूप में लाठियाँ, गोलियाँ खाईं, जेल गए और संपत्ति जब्त कराई। सत्यपाल और किचलू अमृतसर के जुड़वाँ नेता बने, गाँधी और मोहम्मद अली ने संयुक्त

रूप से राष्ट्रीय आंदोलन का संचालन किया।

हिंदुओं और मुसलमानों की इस एकता और इससे उत्पन्न संघर्ष का परिणाम बड़े स्पष्ट रूप में देश में चल रहे सांप्रदायिक दंगों के ग्राफ पर दिखाई देता है। 1919 और 1920 में पूरे देश में एक भी उल्लेखनीय दंगा नहीं हुआ। 1921 में केरल में मोपला विद्रोह जरूर हुआ, जो मुख्य रूप से निर्मम तथा शोषण-आधारित आर्थिक संबंधों तथा खिलाफत जैसे धर्मांध आंदोलनों का समर्थन करके हिंदू-मुस्लिम एकता कायम करने की सदिच्छा के खोखलेपन की उपज था। यह आंदोलन इस तथ्य का भी एक दिलचस्प अध्ययन प्रस्तुत करता है कि आर्थिक संघर्षों का भी धर्मांध शक्तियाँ सांप्रदायिकता बढ़ाने में कैसे इस्तेमाल कर लेती हैं। इस पर आगे हम इसी अध्याय में विचार करेंगे। पर इस मोपला विद्रोह के अलावा दो वर्षों तक एक भी सांप्रदायिक दंगा न होना गौरतलब जरूर है। केवल 1921 (मालेगाँव) तथा 1922 (मुल्तान) में एक-एक सांप्रदायिक दंगे का सरकारी रिकार्डों में उल्लेख है। 5 फरवरी, 1922 को गोरखपुर जिले के चौरीचौरा थाने को उसमें मौजूद सारे पुलिसकर्मियों के साथ जला दिए जाने के फलस्वरूप गाँधीजी ने आंदोलन के हिंसक हो उठने का हवाला देते हुए आंदोलन वापस ले लिया। आंदोलन की वापसी ने असाधारण रूप से सक्रिय जनता को अचानक कार्यक्रमविहीन कर दिया। निरुद्देश्य, दिशाहीन और पस्तहिम्मत जन-उभार एक बार फिर साम्राज्यवाद की 'फूट डालो और राज करो' की नीति का शिकार हो गया। शुद्धि और तबलीग जैसे आंदोलनों को समाज के एक बड़े वर्ग को अपने दायरे में लाने का मौका मिल गया। इन सबका परिणाम बड़े स्पष्ट रूप से सामने आता है। सन् 1923 में 15-20 स्थानों पर सांप्रदायिक दंगे हुए। इनमें अमृतसर, लाहौर और सहारनपुर प्रमुख थे। 1924 में देश में भयंकरतम दंगे हुए। इनसे प्रभावित कुछ स्थान थे—इलाहाबाद, कलकत्ता, दिल्ली, गुलबर्गा, कोहाट, लखनऊ, नागपुर, जबलपुर और शाहजहाँपुर। 1923 और 1924 के वर्ष जन-धन की क्षति के रूप में तो अभूतपूर्व थे ही, पहली बार यह भी महसूस किया गया कि यदि राज्य दंगों को रोकने के स्थान पर उन्हें उकसाने की भूमिका पर उतर आए तो देश के सारे भौगोलिक खंडों में ऐसे कारण उपस्थित हैं, जिनके चलते कहीं भी विनाशकारी सांप्रदायिक दंगे कराना मुश्किल नहीं होगा।

सन् 1930 में आयोजित सविनय अवज्ञा आंदोलन स्वतंत्रता-प्राप्ति के पूर्व एक अन्य उदाहरण है, जब एक निश्चित कार्यक्रम के तहत बलबलाते

जन-उभार के समक्ष समस्त धार्मिक मतभेद अस्थायी रूप से दब गए और सांप्रदायिक दंगे, जो उस समय तक राष्ट्रीय जीवन का अनिवार्य अंग बन चुके थे, काफी हद तक थम गए। इस वर्ष सिर्फ बंबई और ढाका में दंगे हुए। ये दंगे पहले और बाद के दंगों के मुकाबले अधिक उल्लेखनीय नहीं हैं। सविनय अवज्ञा आंदोलन की एक महत्त्वपूर्ण घटना थी पेशावर में फौजियों द्वारा नागरिकों पर गोली चलाने से इनकार। इनकार करनेवाली पलटन गढ़वाली हिंदुओं की थी और जिन आंदोलनकारी नागरिकों पर उन्हें गोली चलाने के लिए कहा गया था, वे मुख्य रूप से मुसलमान पठान थे। ऐसी एकता इस तरह के आंदोलनों के दौरान ही दिखाई पड़ती थी। मार्च, 1931 में इस आंदोलन को वापस लेते ही वही स्थिति पैदा हो गई जो 1857 के स्वतंत्रता संग्राम के असफल होने या 1920 के असहयोग आंदोलन को वापस लेने पर हुई थी। देश एक बार फिर सांप्रदायिक शक्तियों के चंगुल में फँस गया। 1931 में ही आगरा, बनारस और कानपुर में भयानक दंगे हुए। इनमें कानपुर का दंगा कई मामलों में उल्लेखनीय है। यह संयुक्त प्रांत, यानी मौजूदा उत्तर प्रदेश का अपने समय तक का सबसे बड़ा सांप्रदायिक दंगा था। इसमें न सिर्फ गणेश शंकर विद्यार्थी जैसे राष्ट्रवादी और हिंदू-मुस्लिम एकता के समर्थक व्यक्ति को अपनी जान गँवानी पड़ी, बल्कि सरकारी आँकड़ों के मुताबिक लगभग चार सौ लोग मारे गए, बारह सौ से अधिक घायल हुए, 18 मस्जिद, 32 मंदिर तथा 248 हिंदू और 101 मुस्लिम घर नष्ट हुए।

उपरोक्त तथ्यों से यह पूरी तरह स्पष्ट है कि एक निश्चित राष्ट्रीय कार्यक्रम के तहत बड़े पैमाने पर जनता की भागीदारी सांप्रदायिक शक्तियों की गतिविधियों पर अंकुश लगा सकती है। यहाँ हमें इस तथ्य को याद रखना होगा कि उपरोक्त संघर्षों की अवधि बहुत कम रही और या तो वे अंग्रेजों द्वारा कुचल दिए गए अथवा नेतृत्व द्वारा वापस ले लिए गए। इसीलिए उनका असर भी बहुत कम समय तक दिखाई दिया। जिन तीन अवधियों (1857-58, 1919-1921, 1930) में सांप्रदायिक दंगे बिल्कुल नहीं हुए, उनमें सांप्रदायिक शक्तियाँ पूरी तरह से कुचल दी गई हों, ऐसा समझना भूल होगी। इन वर्षों में राज्य के प्रयासों से हिंदू-मुस्लिम दोनों तरह की सांप्रदायिकता प्रचार एवं विस्तार के लिहाज से पूरी तरह सक्रिय थी, केवल जनता के बड़े वर्ग के राष्ट्रीय कार्यक्रमों में लग जाने के कारण उन्हें सांप्रदायिक दंगे कराने के लिए वांछित संख्या में स्वयंसेवक नहीं मिल पा रहे थे। इसीलिए इस अवधि में उनके अस्तित्व के लिए सबसे अनिवार्य गतिविधि—सांप्रदायिक दंगे नहीं

दिखाई देते। यदि राष्ट्रीय नेतृत्व ने हिंदुओं और मुसलमानों के बीच धार्मिक प्रतीकों (खिलाफत या गोरक्षा) के माध्यमों से एकता कराने की अपनी सदिच्छा के स्थान पर उन्हें समान आर्थिक, राजनीतिक या सामाजिक मुद्दों पर गोलबंद कर साम्राज्यवाद के विरुद्ध संघर्ष में उतारा होता तो सांप्रदायिक शक्तियों के खिलाफ कामयाबी का चेहरा ही कुछ और होता।

दो

यह तर्क कि सांप्रदायिकता या उसकी विनाशकारी दैहिक अभिव्यक्ति सांप्रदायिक दंगे—सिर्फ ब्रिटिश साम्राज्यवाद की उपज हैं, खतरनाक सरलीकरण की ओर ले जा सकता है। एक संश्लिष्ट समाज में, जिसमें धर्म के आधार पर संघर्ष के मुद्दे पहले से ही मौजूद हों, क्या आधुनिक अर्थों में सांप्रदायिकता, इस भूभाग में अंग्रेजों की प्रभावी सैनिक एवं राजनीतिक उपस्थिति के बाद ही आई ? भारतीय इतिहास का मध्ययुग, जिसमें हिंदुओं और मुसलमानों का संपर्क धर्म तथा संघर्ष के अन्य कई बिंदुओं पर हुआ, किस हद तक सांप्रदायिकता पैदा करने में सहायक सिद्ध हुआ ? मुसलमानों के आगमन के पूर्व भारतीय प्रायद्वीप में क्या ऐसे कारण सक्रिय नहीं थे, जिनसे विभिन्न आस्थाओं (ब्राह्मण-बौद्ध, शैव-वैष्णव) के बीच संघर्ष हुए ? सरलीकरण से बचने के लिए इन सारे प्रश्नों पर भी विचार करना होगा। वर्तमान अध्ययन चूँकि सांप्रदायिक दंगों के माध्यम से सांप्रदायिकता की पड़ताल कर रहा है, इसलिए इन प्रश्नों पर विचार भी उन्हीं को केंद्र में रखकर करना होगा।

सांप्रदायिक दंगों में ब्रिटिश साम्राज्यवाद की भूमिका को सीमित करने के इरादे से दो तर्क दिए जाते हैं। पहला तर्क यह है कि सांप्रदायिक दंगों के पीछे अंग्रेजों का हाथ है। यह कहना इसलिए गलत है कि भारत में उनके आगमन के पूर्व ही भारतीय समाज इन दंगों से परिचित हो चुका था और ये भारतीय समाज में एक नियमित और परिचित घटना बन चुके थे। दूसरा तर्क भी विचारणीय है। इसके अनुसार यदि सांप्रदायिक दंगे अंग्रेजों की ही देन हैं तो उन्हें अंग्रेजों के जाने के बाद समाप्त हो जाना चाहिए था। इसके विपरीत अंग्रेजों के जाने के बाद तो देश में पहले से भी अधिक नियमितता और विध्वंसक तरीके से सांप्रदायिक दंगे हो रहे हैं।

पहले तर्क के पक्ष में ब्रिटिश शासन काल के सरकारी दस्तावेज़ों और क्रिस्टोफर बेली जैसे इतिहासकारों ने कुछ तथ्य रखे हैं। 1907 में प्रकाशित

बनारस के डिस्ट्रिक्ट गजेटियर में बनारस के 1809 के दंगों का जिक्र इस प्रकार शुरू होता है :

उन्नीसवीं शताब्दी के पूर्वार्द्ध में लोक-शांति भंग की अकेली घटना सन् 1809 और उसके बाद के वर्ष में हुई जब शहरी आबादी के हिंदू और मुसलमान वर्गों के बीच अतीत में धार्मिक शत्रुता के कारण अक्सर पड़नेवाले दौरों में से एक पड़ा। गजेटियर में दंगों के लिए 'दौरे' (कन्वलजन्स) शब्द का इस्तेमाल जान-बूझकर किया गया है। ऐसा यह बताने के लिए किया गया है कि इस तरह के दंगे तो भारतीय समाज में अक्सर होते रहते थे और बनारस का दंगा (1809) उसी कड़ी का एक अंग था। गजेटियर दौरों के रूप में पड़नेवाले दंगों का विस्तार से जिक्र नहीं करता। इस काम को कई दूसरे गैर-सरकारी लेखक करते हैं। इनमें क्रिस्टोफर बेली सबसे महत्त्वपूर्ण हैं।

अपने लेखं 'द प्री हिस्ट्री कम्यूनलिज्म रिलीजिअस कान्फ्लिक्ट इन इंडिया, 1700-1860' में बेली सांप्रदायिक दंगों के नैरंतर्य के विचार का प्रतिपादन करता है। उसके अनुसार अंग्रेजों के भारतीय समाज में प्रभावी हस्तक्षेप के बहुत पहले से सांप्रदायिक झड़पों की परंपरा चली आ रही थी। वह ऐसी बहुत-सी घटनाओं का जिक्र करता है जो उसके अनुसार औपनिवेशिक काल के दंगों से काफी हद तक मिलती-जुलती हैं। इनमें वह 18वीं शती के मुस्लिम जमींदारों के विरुद्ध चले हिंदू-सिक्ख किसानों के विद्रोह का उदाहरण देता है और पूर्वी उत्तर प्रदेश के 1920 के दशक अथवा पूर्वी बंगाल के 1930 और 1940 के दशकों में हुए सांप्रदायिक दंगों से उनकी तुलना करता है। यदि हम बेली के उदाहरणों को सांप्रदायिकता की किसी भी सामान्य परिभाषा की कसौटी पर कसें तो यह इसका दिलचस्प नमूना साबित होगा कि किस तरह एक अकादमिक प्रयास कुछ पूर्वाग्रहों को सही सिद्ध करने के लिए तथ्यों को तोड़-मरोड़कर इस्तेमाल करता है। बेली द्वारा दिए गए उदाहरणों में से एक भी उदाहरण सांप्रदायिक दंगों की कसौटी पर खरा नहीं उतरता। ये सभी उदाहरण किसी भी बहुलवादी समाज में विभिन्न आस्थाओं द्वारा एक-दूसरे को आत्मसात करने की प्रक्रिया और उनकी आपसी राजनीतिक, आर्थिक एवं सामाजिक प्रतिद्वंद्विता से उत्पन्न संघर्ष की अनुगूँज अधिक हैं, सांप्रदायिक दंगे कम।

भारत में अंग्रेजों की प्रभावी उपस्थिति के पूर्व सिर्फ एक हिंदू-मुस्लिम संघर्ष का पता चलता है, जिसे सही अर्थों में सांप्रदायिक दंगे की संज्ञा दी जा सकती है। यह दंगा 1713 में अहमदाबाद में हुआ था। दंगे के एक

प्रत्यक्षदर्शी ख़ाफ़ी खान के वर्णन के अनुसार एक हिंदू ने अपने मुसलमान पड़ोसी के विरोध के बावजूद दोनों के घरों के सामने मौजूद साझा अहाते में होली जलाने की तैयारी की। विवाद के कारण यह मामला एक मुसलमान अधिकारी के सामने ले जाया गया, जिसने हिंदू के पक्ष में फैसला दे दिया और हिंदू ने होली जला दी। दूसरे दिन मुसलमान ने पैगंबर के सम्मान में अपने घर के सामने एक गाय की कुर्बानी दे दी। इस पर उत्तेजित होकर आसपास के हिंदू इकट्ठे हो गए और उन्होंने वहाँ उपस्थित मुसलमानों पर हमला कर दिया। इस हमले में कुर्बानी देनेवाले मुसलमान का चौदह वर्षीय पुत्र मारा गया। इस घटना से अनेक मुसलमान क्रुद्ध हो उठे और इकट्ठा हो गए। शहर में मौजूद अफगान सैनिक भी उनकी मदद के लिए आ गए। अगले तीन-चार दिन तक चलनेवाले दंगे में काफी संपत्ति का नुकसान हुआ और कई हिंदू तथा मुसलमान मारे गए। दोनों पक्षों के नेताओं ने शांति स्थापित कराने के लिए बादशाह से अपील की।

1713 में हुआ अहमदाबाद का यह दंगा ब्यौरेवार दर्ज की गई ऐसी पहली घटना है, जिसमें सांप्रदायिक दंगे के सारे आवश्यक तत्त्व निहित हैं। बेली द्वारा गिनाए गए उदाहरण इस दंगे से भिन्न क्यों हैं, यह समझने के लिए हमें मध्ययुगीन राज्य और नागरिकों के रिश्तों तथा हिंदू-मुस्लिम प्रजा के अंतर्संबंधों के साथ-साथ राज्य के बुनियादी चरित्र पर भी ध्यान देना होगा।

मध्ययुग अथवा मुस्लिम शासनवाले भारतीय इतिहास के दौरान हिंदू-मुस्लिम संबंधों को निरूपित करते समय इतिहासकार अक्सर अतिवाद का सहारा लेते हैं। एक तरफ मो. यासीन जैसे इतिहासकार हैं, जिनके अनुसार मुगलकाल का एक बड़ा दौर हिंदुओं और मुसलमानों के सद्भाव, सौहार्द्र, आपसी प्रेम और सहिष्णुता से भरपूर रहा है। दूसरे अतिवादी इतिहासकारों के अनुसार भारतीय इतिहास का मुस्लिम युग मुसलमानों की ज्यादतियों (मूर्ति-भंजन, बलात धर्मांतरण, जजिया, जुल्म, लूटपाट और हत्याकांड) तथा असहिष्णुता का पर्यायवाची है। भारतीय इतिहास का विस्तार से विवेचन इस अध्ययन का विषय नहीं है, पर संक्षेप में कुछ धारणाओं पर विचार करना इसलिए आवश्यक है कि उससे हमें अपने इस अध्ययन में मदद मिलेगी।

हिंदू-मुस्लिम रिश्तों को परिभाषित करते समय इनमें आई कटुता के लिए मुस्लिम राज्य के मूर्ति-भंजक स्वरूप को मुख्य रूप से जिम्मेदार ठहराया जाता है। ऐतिहासिक रूप से इसमें कोई विवाद भी नहीं है कि बहुत सारे

मुस्लिम शासकों ने हिंदू मंदिरों को तोड़ा। पर यह कहना समस्या का सरलीकरण होगा कि मंदिरों के विध्वंस के पीछे एकमात्र कारण असहिष्णुता अथवा धार्मिक कट्टरता थी। कट्टरता भी निश्चित रूप से एक कारण थी, लेकिन कुछ अन्य कारण भी थे। ज्यादातर हिंदू मंदिर अकूत संपदा के भंडार थे। सोने, चाँदी या जवाहरात के रूप में उपस्थित इस संपदा को लूटने का लालच भी इन मंदिरों को तोड़ने का एक बड़ा कारण था। यही वह कारण था जिसने महमूद गजनवी को भारत-प्रवेश के बाद सैकड़ों मील की यात्रा करते हुए हज़ारों मंदिरों को अछूता छोड़ते हुए सीधे सोमनाथ मंदिर को लूटने और ध्वस्त करने की प्रेरणा दी। यह भी एक तथ्य है कि संपदा के लालच में सिर्फ मुस्लिम शासक ही नहीं फँसे। बहुत-से हिंदू राजाओं ने भी इस लालच में मंदिर तोड़े। कश्मीर का राजा हर्ष इनमें से एक था, जिसने मंदिरों में मौजूद सोना-चाँदी लूटने के लिए बाकायदा एक विभाग बना रखा था। इसके अतिरिक्त एक अन्य कारण था जो मंदिर तोड़ने के पीछे काम कर रहा था। यह कारण धार्मिक या आर्थिक से अधिक राजनीतिक प्रयास भी होता था जिसके जरिए हारी हुई जनता अपने अवचेतन में ही विजेता की अधीनता स्वीकार कर लेती थी। शत्रु का मनोबल तोड़ने के लिए यह तरीका दुनिया भर में अपनाया जाता रहा है। खुद भारत में ब्राह्मण राजाओं द्वारा जितने बौद्ध या जैन मंदिर तोड़े गए, उनकी संख्या मुसलमानों द्वारा तोड़े गए हिंदू मंदिरों से शायद ही कम हो। एक बार भारत में दृढ़ता से पैर जमा लेने के बाद मुस्लिम राज्य द्वारा मंदिरों को तोड़ने की घटनाएँ धीरे-धीरे कम होती गईं, क्योंकि एक बार निर्विवाद रूप से सत्ता की स्वीकृति हो जाने के बाद उन्हें मंदिर तोड़ने की उतनी आवश्यकता नहीं रह गई।

मुस्लिम राज्य का व्यवहार अपनी प्रजा के साथ वैसा ही था, जैसा किसी भी राज्य का हो सकता है। राज्य की चिंता धर्म का प्रसार कम और अपने अस्तित्व की सुरक्षा अधिक थी। ज्यादातर मुस्लिम राजाओं ने अपने राजस्व की वसूली और सेना का प्रबंध करने में इसी चिंता का परिचय दिया है। इसीलिए हम विभिन्न वंशों के मुस्लिम शासकों की नौकरशाही में ऊँचे से ऊँचे पदों पर हिंदुओं को पाते हैं। मुगलवंश तक आते-आते राजस्व एवं सेना में हिंदुओं का प्रतिनिधित्व बढ़ता चला गया, क्योंकि तब मुस्लिम राज्य को मिलने वाली चुनौती काफी हद तक समाप्त हो चली थी। यह मात्र संयोग नहीं था कि मुस्लिम सत्ता के लिए चुनौती के रूप में प्रस्तुत किए जानेवाले दो प्रतीकों—राणा प्रताप और शिवाजी के विरुद्ध लड़नेवाली मुगल सेनाओं

का नेतृत्व अक्सर राजपूत योद्धाओं के हाथ में रहता था।

मुस्लिम राज्य के चरित्र के बारे में अधिक विस्तार में न जाकर उपरोक्त तथ्यों का उल्लेख सिर्फ इसलिए किया गया है कि मध्ययुग में राज्य मुस्लिम शासित था तथा प्रजा, जिसमें हिंदुओं की बहुसंख्या थी, के रिश्तों को समझा जा सके। भारत में एक राष्ट्र राज्य की स्थापना उन्नीसवीं शताब्दी के उत्तरार्द्ध तक ही संभव हो सकी थी। तब तक हर शक्तिशाली सत्ता-केंद्र अपना भौगोलिक विस्तार करने का प्रयास करता रहता था। मुस्लिम शासकों ने भी यही किया। लगभग पाँच सौ वर्षों तक दिल्ली उनकी सत्ता का केंद्र बनी रही और इसके उत्तर, दक्षिण, पूरब, पश्चिम—हर दिशा में, जहाँ तक संभव हुआ, उन्होंने अपना राज्य विस्तृत करने का प्रयास किया। इस प्रयास में उनका अलग-अलग कालखंडों में अलग-अलग शक्तियों से मुकाबला हुआ। यह संघर्ष मुख्य रूप से दो राज्यों के बीच होता था। इनमें दोनों राज्य कभी-कभी मुस्लिम हो सकते थे और अधिकतर एक मुस्लिम और एक हिंदू। आमतौर से प्रजा की भागीदारी इन संघर्षों में कम होती थी। इन संघर्षों में कई बार धार्मिक असहिष्णुता का हाथ भी होता था, पर मुख्य रूप से इनमें भौगोलिक विस्तार की राजनीतिक महत्त्वाकांक्षा ही अधिक होती थी। यही कारण था कि शासक बदलते रहते थे, पर सुदूर गाँवों और नगरों में रहनेवाली हिंदू मुस्लिम आबादी के आपसी संबंधों पर अधिक असर नहीं पड़ता था।

क्रिस्टोफर बेली के तथ्यों का विश्लेषण करते समय जनता के दैनिक जीवन में मध्ययुगीन और ब्रिटिशकालीन राज्य की उपस्थिति के परिणाम पर भी विचार करना होगा। औपनिवेशिक ब्रिटिश राज्य न सिर्फ इस प्रायद्वीप में पहले मौजूद किसी भी राज्य से बहुत अधिक आधुनिक, शक्तिशाली, केंद्रीकृत और हस्तक्षेपवादी था बल्कि काफी सजग ढंग से तटस्थ, समाज से कहीं ऊपर और परे था। यह एक ऐसी स्थिति थी जो पहले के किसी राज्य के लिए न तो वांछनीय थी और न ही उपलब्ध। प्राचीन अथवा मध्ययुगीन राज्य नागरिकों के जीवन या दैनंदिन के सामाजिक क्रियाकलापों में सीधा हस्तक्षेप नहीं करता था। विशेष रूप से जब राज्य भौगोलिक रूप से बड़ा होता था तो सुदूरवर्ती क्षेत्रों से उसका लगाव सिर्फ लगान-वसूली और इस रूप में अपनी आधीनता स्वीकार कराने तक ही रहता था। इन विशाल राज्यों में एक बहुत ही ढीला-ढाला-सा प्रशासनिक ढाँचा मौजूद होता था, जिस पर केंद्रीय सत्ता से अधिक क्षेत्रीय क्षत्रपों की छाप दिखाई देती थी। यदि क्षेत्रीय क्षत्रप केंद्रीय सत्ता को समय से राजस्व की आपूर्ति करते रहते थे और युद्ध

के समय आवश्यक सामरिक सहायता से मुँह नहीं मोड़ते थे तो केंद्रीय और स्थानीय शक्तियों के बीच सौहार्द्रपूर्ण संबंध बने रहते थे।

औपनिवेशिक ब्रिटिश राज्य ने संबंधों के इस संतुलन को बदल डाला। 1757 में पलासी के युद्ध के बाद से ही ब्रिटिश राज्य की उपस्थिति भारतीय भूभाग में विभिन्न स्थानों पर अलग-अलग स्वरूपों में प्रभावी तरीके से दिखाई देने लगी थी। 1857 तक आते-आते विभिन्न संस्थाओं के रूप में यह राज्य जन-जीवन के हर क्षेत्र में हस्तक्षेप करने लगा। बंगाल, मद्रास और बंबई प्रेसीडेंसी की पलटनों की छावनियाँ पूरे देश में अलग-अलग कायम हुईं। टेलीग्राफ जैसे संचार के द्रुतगामी साधन अपनाए जाने लगे। 1847 में ईस्ट इंडियन रेलवे कंपनी का पंजीकरण हुआ और अगले कुछ वर्षों में (गदर के वर्षों को छोड़कर) द्रुतगति से रेलवे लाइनें बिछाई गईं। रेलवे लाइनों का निर्माण कपास के इंग्लैंड को निर्यात और बने हुए कपड़ों के भारत में आयात जैसे आर्थिक कारणों की वजह से तो हुआ ही, इनका एक मुख्य उद्देश्य पलटनों को द्रुतगति से एक भाग से दूसरे भाग तक पहुँचाना भी था। इसीलिए रेलवे लाइनों को बिछाने और उनके अलग-अलग मार्गों पर गेज के निर्धारण में फौजी विशेषज्ञों की भी राय ली गई। रेलवे लाइनों ने किस तरह सामाजिक हस्तक्षेप में राज्य की मदद की, इसका पहला प्रभावी उदाहरण 1857 के विद्रोह में दिखाई दिया। यदि कलकत्ता में रानीगंज (लगभग 120 मील) तक रेलवे लाइन न बन गई होती और कर्नल नील को अपनी पलटन के साथ समय से रानीगंज जानेवाली रेलगाड़ी न मिल गई होती तो निश्चित रूप से बनारस, इलाहाबाद और कानपुर की छावनियों में अंग्रेजों को और अधिक परेशानियों का सामना करना पड़ता।

पूरे ब्रिटिश भारत में एक जैसी पुलिस, कानून और दंड-प्रक्रिया के निर्माण से राज्य की उपस्थिति और अधिक व्यापक और प्रभावी ढंग से हस्तक्षेपकारी हो गई। 1861 में लाए गए पुलिस ऐक्ट, इंडियन पेनल कोड, क्रिमिनल प्रोसीज़र कोड और इंडियन एविडेंस ऐक्ट के माध्यम से ऐसी संस्थाओं का निर्माण हुआ, जिन्होंने आधुनिक अर्थों में एक राष्ट्र राज्य की स्थापना करने में मदद तो की ही, राज्य को भी नागरिकों के दरवाजे तक पहुँचा दिया। राजस्व की वसूली के लिए एक विशिष्ट नौकरशाही के विकास ने हर गाँव में राज्य का एक प्रतिनिधि नियुक्त कर दिया।

यह राज्य न सिर्फ अधिक हस्तक्षेपकारी था, बल्कि मध्यकालीन राज्य से अधिक संवेदनशून्य भी था। इसकी संवेदनशून्यता के ठोस कारण मौजूद

थे। मुस्लिम शासकों ने, शुरुआती अपवादों को छोड़कर, भारत को अपना घर बना लिया था। उन्हें न तो यहाँ से संपदा 'लूटकर' कहीं बाहर ले जानी थी और न ही वे कई हजार मील दूर बैठकर अपने प्रतिनिधियों के माध्यम से शासन करते थे। इसी देश में जीने-मरने और यहाँ की जनता के साथ सह-अस्तित्व की बाध्यता ने न तो उन्हें यहाँ की दस्तकारी और उद्योग-धंधों को नष्ट करने को प्रोत्साहित किया और न ही एक ऐसे राज्य की परिकल्पना करने दी जो जनता से परे हटकर भी था और उसके जीवन में निरंकुश संवेदनशून्यता से भरपूर हस्तक्षेप भी करता था। दोनों राज्यों की तुलना करते हुए एडमंड बर्क ने सही लिखा था—'तुर्क आक्रमण दुष्टतापूर्ण था किंतु हमारा संरक्षण भारत का नाश कर रहा है। वे तो दुश्मन थे, हम दोस्त हैं। बीस साल के बाद हमारी विजय के स्वरूप में कोई खास तब्दीली नहीं आई। नौजवान अंग्रेज हुकूमत करते हैं, उन्हें देशी लोगों से कोई हमदर्दी नहीं है। देशी लोगों से वे उतना ही संपर्क करते हैं जितना दौलत बटोरने के लिए जरूरी होता है। ज़माने की हविश और जवानी का जोश। उनकी भूख कभी शांत नहीं होती। मुनाफे का जो एक रुपया अंग्रेज लेता है, वह हिंदुस्तान के हाथ से हमेशा के लिए निकल जाता है। दूसरे विजेता अपने पीछे कई ऐसी यादगार छोड़ गए हैं, जिससे जनता को लाभ हो या उनका गौरव बढ़े।'

मुस्लिम और ब्रिटिश राज्य के इस फर्क के ही कारण ब्रिटिश राज्य को 'फूट डालो और राज्य करो' जैसे औजारों की शरण लेनी पड़ी। 1857 के विद्रोह के तुरंत बाद एकफिन्सटन ने पूरी औपनिवेशिक सोच को इन शब्दों में व्यक्त किया था—'डिवाइड एट इम्पीरा वाज़ द ओल्ड रोमन मोटो, ऐज इट शुड बी आवर्स,' अर्थात पुरानी रोमन कहावत—फूट डालो और राज करो हमारी भी मार्गदर्शक होनी चाहिए। मुस्लिम राज्य को जनता के बीच फूट डालने की आवश्यकता नहीं थी।

'फूट डालो और राज्य करो' नीति की सबसे तार्किक परिणति हिंदू-मुस्लिम जनता के बीच आपसी संघर्ष अथवा सांप्रदायिक दंगों के बीच हो सकती थी और राज्य के सचेत प्रयासों से वही हुआ। पहले एक मुस्लिम राजा और एक हिंदू राजा आपस में टकराते थे और अक्सर दोनों की सेनाओं में हिंदू और मुसलमान मिले-जुले सैनिक और सेनापति होते थे, पर हिंदू और मुस्लिम असैनिक आबादी के संबंधों पर अधिक फर्क नहीं पड़ता था। पर अब राज्य ने तो काफी हद तक अपने को लौकिक और व्यापारिक बना लिया, लेकिन उसकी नीतियों एवं प्रोत्साहन से हिंदू-मुस्लिम जनता आपस में लड़ने लगी।

ब्रिटिश उपनिवेशवाद ने किस तरह सक्रिय निष्क्रियता से सांप्रदायिक दंगों को भड़काने में योगदान दिया, इस पर हम थोड़ा रुककर विचार करेंगे। उसके पूर्व यह आवश्यक है कि हम उस तर्क की पड़ताल भी कर लें जो यह कहता है कि यदि सांप्रदायिक दंगे ब्रिटिश शासकों का उपहार है, तो उन्हें देश के आजाद होने के बाद तो रुक ही जाना चाहिए।

यह तर्क वस्तुगत स्थितियों के अयथार्थवादी विश्लेषण की उपज है। हमें यह याद रखना चाहिए कि देश को आजादी एक दुखद सांप्रदायिक प्रक्रिया की पृष्ठभूमि में मिली। राष्ट्रीय आंदोलन को हिंदू आंदोलन बनाने की भूल, पृथक् निर्वाचन मंडलों की स्थापना, मुस्लिम लीग तथा हिंदू महासभा जैसे सांप्रदायिक संगठनों के धीरे-धीरे भारतीय समाज में शक्तिशाली होते जाने तथा भयानक सांप्रदायिक दंगों से देश में जो ज़हर फैला, उसकी परिणति देश के विभाजन में हुई। विभाजन के दौरान लाखों लोग मारे गए और करोड़ों विस्थापित हुए। ऐसी स्थिति में यह स्वाभाविक था कि लोगों की स्मृतियों में सांप्रदायिकता एक दुखद और अनिवार्य स्थिति बन जाए। इस स्थिति से छुटकारा पाने के लिए बड़े पैमाने पर प्रयास किए जाने चाहिए थे। संविधान में देश को धर्मनिरपेक्ष घोषित कर लेने मात्र से राज्य की भूमिका नहीं समाप्त हो जाती। शैक्षणिक, सामाजिक एवं आर्थिक स्तरों पर ऐसे प्रयास होने चाहिए थे जो जनता को सांप्रदायिक एवं फासिस्ट शक्तियों के प्रचार से बचाते और उसे वैज्ञानिक तथा विकासोन्मुखी सोच प्रदान करते। दुर्भाग्य से ऐसा नहीं हो सका। अब भी कई बार सारी धर्मनिरपेक्ष शक्तियों के प्रयास सांप्रदायिक शक्तियों के सामने बौने पड़ जाते हैं और देश सांप्रदायिक दंगों के मकड़जाल में फँस जाता है।

सांप्रदायिक दंगे ब्रिटिश साम्राज्यवाद की देन जरूर हैं, पर यह मानना कि उनके जाने के बाद इन्हें समाप्त हो जाना चाहिए था, उचित नहीं है। उनके प्रयासों से हमारे समाज में सांप्रदायिकता का जो विष बीज पैदा हो गया है, उसे तो हमें ही उखाड़ना होगा, तभी सांप्रदायिक दंगे भी रुकेंगे।

तीन

सांप्रदायिक दंगों में ब्रिटिश राज्य के योगदान का अध्ययन करते समय अंग्रेजों के आगमन से पहले दर्ज कुछ ऐतिहासिक उल्लेखों पर दृष्टिपात करना उपयोगी होगा। मध्यकालीन भारत में हिंदू-मुस्लिम संबंधों में कई बार ऐसे

तनाव उत्पन्न हुए जिनमें यदि राज्य का ज़रा भी सक्रिय सहयोग मिल जाता तो ये लंबी अवधि तक तकलीफ देनेवाले नासूरों में तब्दील हो जाते। इस तरह के तनावों में पहला उल्लेख इब्नबतूता के यात्रा-वृत्तांतों में मिलता है। वह चौदहवीं शताब्दी के पूर्वार्द्ध में दक्षिण भारत के मजांसुर (संभवतः मैंगलोर) में रामदेव के शासन के दौरान नगर से सटी हुई एक मुस्लिम बस्ती का ज़िक्र करता है, जिसमें चार हज़ार के लगभग मुसलमान रहते थे। वह इन मुसलमानों और नगर-निवासियों के बीच अक्सर होनेवाली झड़पों का ज़िक्र करता है, पर चूँकि राजा को इन मुस्लिम व्यापारियों के महत्त्व का पता था, इसलिए वह दोनों समुदायों के बीच शांति स्थापित करता रहता था। यह कल्पना अच्छी तरह की जा सकती है कि यदि राज्य इन झड़पों को प्रोत्साहन देता या दो भिन्न मतावलंबियों के बीच फूट डालना राज्य करने की दृष्टि से उसके लिए आवश्यक होता तो ये झड़पें ही बड़े सांप्रदायिक दंगों में परिवर्तित हो जातीं।

1713 का अहमदाबाद दंगा, जिसका ज़िक्र ऊपर किया जा चुका है, आधुनिक अर्थों में इस देश का पहला सांप्रदायिक दंगा कहा जा सकता है। इस दंगे में भी राज्य की सक्रिय भागीदारी कहीं नहीं दिखाई पड़ती। यह जरूर हुआ कि दंगे के दौरान शहर में उपस्थित अफगान सैनिकों ने अपने धर्मावलंबियों की तरफ से दंगे में भाग लिया, किंतु दोनों धर्मों के नेताओं द्वारा आपस में बातचीत कर बादशाह से सुलह कराने की अपील यह स्पष्ट करती है कि राज्य की शांति स्थापित करने की इच्छा-शक्ति पर दोनों को विश्वास था।

अपनी पुस्तक 'तारीखे-हिंदी' में रुस्तम अली सन् 1729 में दिल्ली के एक संघर्ष का ज़िक्र करता है, जिसमें हिंदू-मुस्लिम दंगे के बीज छिपे थे। उसके अनुसार शाबान के महीने में शुभकरण नामक एक हिंदू द्वारा एक मुसलमान को मारे जाने का बदला लेने के लिए जामा मस्जिद में भयंकर शोर-शराबा हुआ। हिंदुओं का साथ कुछ शाही कर्मचारियों ने दिया। शुक्रवार को लगभग तीन बजे दिन में काफी दंगा-फसाद हुआ। मस्जिद क्षेत्र के अंदर 17 लोग मारे गए और बादशाह का खास खिदमतगार शेर अफगान खाँ भी इस फसाद में जख्मी हो गया, और वह रोशनुद्दौला की मदद से बच सका। यद्यपि रुस्तम अली ने फसाद के किसी कारण का उल्लेख नहीं किया है, पर इतना स्पष्ट है कि इतने बड़े झगड़े का कोई बड़ा ही कारण रहा होगा। झगड़े में एक महत्त्वपूर्ण सरकारी कारिंदा भी गंभीर रूप से जख्मी हुआ। इसके बाद भी झगड़ों के अन्य क्षेत्रों में फैलने, एक दिन से अधिक चलने या राज्य के उनमें भाग लेने का कोई उल्लेख नहीं मिलता।

इन उदाहरणों के खिलाफ जरा अंग्रेजी राज्य के रोल पर प्रकाश डालनेवाले कुछ उदाहरणों को देखा जाए। स्थानाभाव के कारण केवल तीन घटनाओं का ज़िक्र पर्याप्त होगा। ये तीन घटनाएँ देश में प्रभावी अंग्रेजी हुकूमत कायम होने के बाद के तीन चरणों से संबंधित हैं। 1858 के बाद अयोध्या के बाबरी मस्जिद—रामजन्म भूमि विवाद के सिलसिले में राज्य-रुख, 1931 में कानपुर के दंगों में प्रशासन की भूमिका तथा 1946 में कलकत्ता में डायरेक्ट ऐक्शन डे पर हुए सांप्रदायिक हत्याकांडों को रोकने में मदद करने से ब्रिटिश नौकरशाही का इनकार—इन तीनों का विश्लेषण हमें सांप्रदायिकता और तज्जनित दंगों को प्रोत्साहित करने की ब्रिटिश राज्य की भूमिका समझने में मदद करेगा।

यह कोई संयोग नहीं है कि अयोध्या में बाबरी मस्जिद—रामजन्म भूमि विवाद या रामजन्म भूमि मंदिर तोड़कर वहाँ कोई मस्जिद बनाने का उल्लेख सबसे पहले एच.आर. नेविल द्वारा निर्मित फैज़ाबाद के जिला गजेटियर में आता है। मंदिर तोड़कर मस्जिद बनाए जाने के कथित दौर में सक्रिय 'आईने-अकबरी' के लेखक अबुल फज़ल या अपने समय के सबसे बड़े रामभक्त और रामकथा के कवि गोस्वामी तुलसीदास ऐसी किसी भी घटना का उल्लेख नहीं करते। नेविल लिखता है कि पुरानी इमारत (मंदिर) की सामग्री नई इमारत (मस्जिद) बनाने में इस्तेमाल की गई। यह 19वीं शताब्दी में ही हुआ कि मंदिर तोड़कर मस्जिद बनाने की कहानी प्रचारित की गई और सरकारी दस्तावेज़ों में भी दर्ज़ हुई। इन दस्तावेज़ों को इसके बाद ही दूसरों द्वारा मान्य ऐतिहासिक तथ्यों के रूप में प्रचारित किया गया। इसके पूर्व के किसी प्रामाणिक ऐतिहासिक दस्तावेज़ में यद्यपि मंदिर तोड़ने का उल्लेख तो नहीं मिलता, पर ऐसा लगता है कि उस परिसर को लेकर कोई ऐसी व्यवस्था ज़रूर थी जिसके तहत हिंदू भी उसके इर्द-गिर्द पूजा करते थे। 1608 से 1611 के बीच में अयोध्या आनेवाले प्रथम यूरोपीय पर्यटक विलियम फिंच के अनुसार बाबरी मस्जिद परिसर के अंदर हिंदुओं द्वारा पूजा-पाठ तथा पंडों को कर्मकांड करने की छूट थी। इस व्यवस्था के बावजूद कभी किसी खूनी संघर्ष का विवरण किसी आधिकारिक ऐतिहासिक दस्तावेज़ में नहीं मिलता। सबसे पहले 1853 से 1855 के वर्षों में मस्जिद-मंदिर विवाद को लेकर संघर्ष का विवरण मिलता है, जिसके बारे में ऊपर विस्तार से लिखा जा चुका है। इस विवरण से यह भी स्पष्ट है कि मौलवी आमिर अली को जेहाद की घोषणा करने के बाद उसे नियंत्रित करने का दायित्व, 1816 की संधि के

अनुसार, अंग्रेजों का था, पर उन्होंने जान-बूझकर इस दायित्व को पूरा करने से इनकार कर दिया। नवाब वाज़िद अली शाह ने अपनी सेना भेजकर मौलवी आमिर अली को दंडित किया और दोनों पक्षों के बीच शांति स्थापित की। दोनों पक्षों के बुजुर्गों ने आपस में एक समझौता किया, जिसके अनुसार हिंदू मस्जिद के बाहर उत्तर में स्थित चबूतरे पर पूजा-पाठ कर सकते थे और मुसलमान मस्जिद के अंदर नमाज पढ़ते थे। संभवतः यह वही व्यवस्था थी, जिसका उल्लेख विलियम फिंच ने किया था या जिसके बारे में बेनेट ने लिखा है कि 'कहा जाता है कि इस समय तक (1857 के विद्रोह के पूर्व तक) मुसलमान और हिंदू एक साथ मस्जिद-मंदिर में उपासना करते थे।'

यहाँ इस तथ्य का उल्लेख अनुचित न होगा कि अयोध्या के धार्मिक स्वरूप के विकास में अवध के नवाबों का बड़ा योगदान रहा है। 18वीं शताब्दी में पहली बार अयोध्या एक महत्त्वपूर्ण तीर्थ के रूप में उभरकर आया। नवाब सफदरजंग के दीवान राजा नवल राय ने बहुत से मंदिरों का जीर्णोद्धार कराया तथा नए मंदिर बनवाए। नवाब सफदरजंग ने स्वयं हनुमान के एक विशाल मंदिर के निर्माण के लिए भूमि दी। इस भूमि पर बनी हनुमान गढ़ी के निर्माण में नवाब आसफुद्दौला के दीवान टिकैत राय का भी योगदान था। पीटर वान डेर वीयर के अनुसार नवाब के दरबारी मुस्लिम अधिकारी हिंदू पंडों-पुजारियों को धार्मिक अनुष्ठानों के लिए भेंट देते रहते थे।

पीटर वान डेर वीयर, माइकेल फिशर और जे.आर.आई. काल ने समकालीन साक्ष्यों का विशद विवेचन करके यह सिद्ध किया है कि किस तरह नवाब वाजिद अली शाह की ताकत में ह्रास और अंग्रेजी की बढ़ती ताकत ने अयोध्या के विवाद को न सिर्फ हवा दी, बल्कि इसे एक ऐसे नासूर में तब्दील कर दिया जो भारतीय समाज को आज तक दुःख दे रहा है। अयोध्या का विवाद अंग्रेजों की 'फूट डालो और राज्य करो' की नीति के लिए सबसे उपयोगी था, क्योंकि इसमें भारतीय समाज के कुछ बुनियादी अंतर्विरोध छिपे थे और इसीलिए उन्होंने न सिर्फ इसे जिंदा रखा, बल्कि और भड़काने की अपनी तरफ से पूरी कोशिश भी की।

1931 में कानपुर में हुआ सांप्रदायिक दंगा इस अर्थ में महत्त्वपूर्ण है कि अपने समय तक यह उत्तर भारत में जन-धन की क्षति की दृष्टि से सबसे बड़ा दंगा था। इसमें आधिकारिक सूचनाओं के अनुसार 290 लोग मरे (108 हिंदू, 116 मुस्लिम और 66 के धर्म का निर्धारण नहीं हो सका) तथा 947 (368 हिंदू, 292 मुसलमान और 305 के धर्म का निर्धारण नहीं हो

सका) लोग घायल हुए। इसके अतिरिक्त कम-से-कम 50 शव नदियों तथा नहरों में फेंक दिए गए अथवा जला दिए गए। गैर-सरकारी सूत्रों के अनुसार मृतकों की संख्या 500 से अधिक थी। मोटे अनुमान से इस दंगे में 50 लाख से अधिक की संपत्ति नष्ट हुई थी। दंगे से संबंधित 1700 मुकदमे दर्ज़ हुए थे, जिनमें 84 हत्या, 81 हत्या के प्रयास, 1203 डकैतियों, 74 राहजनी और 91 मुकदमे बलवे के थे। 29 मंदिर, 8 मठिया (छोटे मंदिर) और 26 मस्जिदों को नुकसान पहुँचाया गया।

उपरोक्त विनाश सिर्फ चार दिनों में हुआ। दंगा 24 मार्च को दोपहर बाद शुरू हुआ पर उसमें तेजी 25 मार्च से आई। 25, 26, 27 तथा 28 मार्च को दंगा पूरे उरूज़ पर था और 29 तथा 30 मार्च को धीमा होते-होते समाप्त हो गया। इस दंगे में गणेश शंकर विद्यार्थी जैसे राष्ट्रवादी नेता की हत्या हुई, जो हिंदुओं और मुसलमानों में समान रूप से लोकप्रिय थे। इस दंगे की जाँच के लिए दो आयोग गठित हुए थे। एक आयोग तो सरकार ने गठित किया था, जिसमें बोर्ड ऑफ रेवेन्यू के सदस्य एम.कीन अध्यक्ष तथा आगरा के जिला जज जी.ओ. एलन, राय बहादुर पं. बलदेवराम दवे (अध्यक्ष, इम्प्रूवमेंट ट्रस्ट, इलाहाबाद), तथा नवाबज़ादा मो. लियाकत अली खाँ (सदस्य, संयुक्त प्रांत विधान परिषद्) सदस्य थे। इसके अतिरिक्त कांग्रेस पार्टी ने डॉ. भगवानदास की अध्यक्षता में एक आयोग का गठन किया, जिसमें मूल रूप से श्री पुरुषोत्तम दास टंडन, ख्वाजा अब्दुल मजीद, श्री टी.ए.के. शेरवानी, श्री जफ़रूल मुल्क और पंडित सुंदरलाल सदस्य नामित किए गए थे, पर ख़्वाजा अब्दुल मजीद और श्री टी.ए. के शेरवानी के व्यक्तिगत कारणों से आयोग की सदस्यता स्वीकार करने में असमर्थता व्यक्त कर देने के कारण उनके स्थान पर सर्वश्री मंज़र अली सोख़्ता और अब्दुल लतीफ आयोग के नए सदस्य बनाए गए। सरकारी अधिकारियों के कांग्रेसी आयोग के समक्ष बयान देने से इनकार किए जाने के कारण कांग्रेस के कार्यकर्ताओं ने सरकारी आयोग का बहिष्कार किया। दोनों आयोगों के समक्ष गुजरी गवाहियाँ सांप्रदायिक दंगे को रोकने के संबंध में सरकारी इच्छाशक्ति के संबंध में दिलचस्प तथ्य प्रस्तुत करती हैं।

इलाहाबाद डिवीजन के कमिश्नर कुँवर महाराज प्रसाद, कानपुर के जिला मैजिस्ट्रेट जे.एफ. साले तथा पुलिस अधीक्षक ई.एम. रोजर्स ने सरकारी जाँच आयोग के समक्ष बयान देते हुए एक स्वर से यह बात कही है कि दंगों को नियंत्रित करने में विफलता का एकमात्र कारण कानपुर में दंगे के समय

पर्याप्त पुलिस बल का न होना था। बाद में इस जाँच आयोग ने अपनी रपट में भी इसी तथ्य को स्वीकार किया। किंतु इसी आयोग के समक्ष गुजरी अन्य गवाहियाँ तथा अधिकारियों द्वारा पेश किए गए रिकार्ड कुछ अन्य ही कहानी कहते हैं।

सरकारी जाँच आयोग के समक्ष दिए गए बयानों को विश्लेषित करते समय यह ध्यान में रखना होगा कि इसके समक्ष ब्रिटिश राज के खैरख्वाह ही मुख्य रूप से पेश हुए। राजभक्तों के बयान ही यदि ये कहें कि दंगों के दौरान पुलिस निष्क्रिय होकर तमाशा देखती रही तो उसे स्वीकार करने के बाद पुलिस की नीयत की पड़ताल करनी ही पड़ेगी। आयोग के समक्ष विभिन्न वर्गों की गवाहियों की कुछ बानगी पर्याप्त होगी–

1. कैप्टेन मैकार्थी फिलगेट के बयान के अंश :

अध्यक्ष : क्या भीड़ सशस्त्र थी ?

कैप्टेन मैकार्थी : मैं कह नहीं सकता कि ऐसा था। कैप्टन डेकी इपिंग मंदिर तक गया और वहाँ उसने एक पिकेट नियुक्त कर दी। उसी समय एक मस्जिद में लगी आग को बुझाने के लिए एक फायर इंजन आया। भीड़ ने उसके हॉज़ पाइप खींचने शुरू कर दिए। वहाँ उस समय आठ घुड़सवार पुलिसवाले थे जो घोड़ों पर आगे-पीछे आ-जा रहे थे, लेकिन कुछ कर नहीं रहे थे। जैसे ही हमने हस्तक्षेप किया, भीड़ भाग गई और उसने कोई प्रतिरोध नहीं किया।

अध्यक्ष : जिस समय हॉज़ पाइप खींचे जा रहे थे, घुड़सवार पुलिसवाले कहाँ थे ?

कैप्टेन मैकार्थी : पुलिसवाले मुश्किल से दो-तीन गज़ पर थे, पर उन्होंने कुछ नहीं किया।

2. विक्रमजीत सिंह, सदस्य विधान परिषद् तथा अध्यक्ष नगरपालिका कानपुर के बयान के अंश :

> तीन बजे (24 मार्च) के लगभग मुझे पता चला कि मेस्टन रोड का मंदिर तोड़ दिया गया है और उसमें आग लगा दी गई है। मुझे बताया गया कि श्री इस्लाम नबी और कोतवाल वहाँ थे, लेकिन उन्होंने बलवाइयों को रोकने का कोई प्रयास नहीं किया।...क्या मैं यहाँ रुककर पूछ सकता हूँ कि बिना पुलिस के सहयोग या अधिकारियों के पूरी तरह नाकारा हुए बगैर यह

> कैसे संभव हुआ कि लुटेरों का समूह शांति एवं चैन के साथ व्यवस्थित रूप में सारे मकानों को नष्ट करता रहा, पूरी रात लोगों को क़त्ल करता रहा और घरों को आग लगाता रहा !' ''निश्चित रूप से पुलिस को यह निर्देश था कि वह कुछ न करे। खुद मि. साले ने मुझे 25 अप्रैल की रात को बताया था कि अभी तक तो वे सिर्फ बीच-बचाव कर रहे थे और अब कार्यवाही करेंगे।

3. खान बहादुर मो. बशीरउद्दीन अहमद, म्यूनिसिपल कमिश्नर के बयान के अंश :

> 24, 25 और 26 को पुलिस व्यवस्था पूरी तरह से अपर्याप्त थी। मैं समझता हूँ कि अगर नागरिक अधिकारियों और खासतौर से पुलिस ने 24 को प्रभावी कदम उठाए होते, इस दुःखद घटना को बचाया जा सकता था।''पुलिस थानों की चौहद्दी के बाहर 24 की रात और 27 की सुबह तक सरकार के अस्तित्व का कोई चिह्न नहीं था।

कमीशन के सामने दिए गए फौजी अधिकारियों, ऐंग्लो इंडियनों, हिंदुओं, मुसलमानों, व्यापारियों तथा मिल-मालिकों के बयानों में एक बात आम रूप से आती है कि दंगों के शुरुआती दौर में लगभग 4 दिन तक राज्य की भूमिका बड़ी संदिग्ध रही। यहाँ तक कि नागरिक और फौजी अधिकारियों के मध्य चले विवाद के कारण 25 और 26 मार्च को, जो दंगों के भयंकरतम दौर थे, सेना को म्यूनिसिपल बोर्ड और जिला परिषद् की इमारतों के अंदर रखा गया और उसका इस्तेमाल नहीं हुआ।

क्या दंगों को रोकने में अधिकारियों की असमर्थता के पीछे सिर्फ पुलिस का नाकाफ़ी होना था या इसके लिए राज्य में इच्छाशक्ति का अभाव था, यह जाँचने के लिए हमें आयोग के समक्ष जिला मैजिस्ट्रेट, पुलिस अधीक्षक, सहायक पुलिस अधीक्षक और उप-पुलिस अधीक्षक द्वारा दिए गए बयानों में प्रस्तुत दंगाइयों के विरुद्ध प्रभावी कार्यवाही न किए जाने के कारणों को देखना होगा। आयोग के विभिन्न सदस्यों द्वारा बार-बार दंगाइयों को गिरफ्तार न कर पाने अथवा उन पर गोली चलाने में पुलिस की असमर्थता से संबंधित प्रश्नों के जवाब में इन अधिकारियों का एक जैसा उत्तर रहता था कि बलवाई चूँकि छुरा घोंपकर, आग लगाकर या पथराव करके गलियों में भाग जाते थे, इसलिए अपर्याप्त पुलिस-बल द्वारा उन्हें पकड़ना संभव नहीं हो पाता था।

किंतु पुलिस अधिकारियों तथा मैजिस्ट्रेट के अतिरिक्त लगभग सभी गवाहों ने यह आरोप लगाया कि आगजनी तथा हिंसा के स्थानों पर पुलिस मौजूद रहती थी और घटनाओं को रोकने के लिए कोई हस्तक्षेप नहीं करती थी।

दंगों को रोकने में पुलिस की गंभीरता का अनुमान पुलिस अधीक्षक ई. एम. रोजर्स के लिखित वक्तव्य के साथ नत्थी परिशिष्ट एक से लगाया जा सकता है। यह परिशिष्ट पुलिस फायरिंग की घटनाओं का विवरण है। इसके अनुसार दंगे के दौरान कुल तेरह अवसरों पर पुलिस ने फायरिंग की। इनमें से छह घटनाएँ भीड़ द्वारा पुलिस पर हमला करने के दौरान आत्मरक्षार्थ हुईं, तीन मौकों पर सरकारी अधिकारियों के बंगलों की सुरक्षा के लिए तैनात गार्डों ने उनके बचाव के लिए फायर किया तथा सिर्फ चार मौकों पर बलवाइयों को दबाने के लिए फायर खोला गया। जिस दंगे में सरकारी अनुमान के अनुसार 300 से अधिक लोग मारे गए, उसमें स्वयं पुलिस अधीक्षक की स्वीकारोक्ति है कि बलवाइयों पर पुलिस फायर में सिर्फ एक व्यक्ति मारा गया।

रोजर्स तथा अन्य अधिकारियों के बयान से यह स्पष्ट है कि बलवाई कहीं भी पुलिस या फौज़ का मुकाबला करने के लिए तत्पर नहीं थे। आवश्यकता थी पुलिस के दृढ़प्रतिज्ञ होकर उनसे निपटने की। पुलिस उनसे कैसे निपट रही थी, इसके उदाहरण डॉ. भगवानदास के नेतृत्व में गठित आयोग के समक्ष गुजरी गवाहियों के अवलोकन से मिलते हैं।

नगर कांग्रेस कमेटी के सचिव प्यारेलाल अग्रवाल के घर के लूटे जाने के समय 'शहर कोतवाल वहाँ से 50-60 गज की दूरी पर व्यक्तिगत रूप से उपस्थित था। पीताम्बर अग्रवाल और महावीर ओझा ने कोतवाल को प्यारे लाल अग्रवाल का घर लूटे जाने की शिकायत की और मदद की गुहार लगाई, लेकिन कोतवाल ने कोई ध्यान नहीं दिया।'[1]

चौक बज़ाजा में मुसलमानों की दुकानें लुटते समय कोतवाली प्रभारी रामकरन सिंह वहीं खड़ा था। मुसलमान दुकानदार लगातार उसे घेरकर अनुनय-विनय कर रहे थे कि वह हस्तक्षेप कर उन्हें लुटने से बचाए, पर उसने कुछ नहीं किया। मोजे-बनियान के व्यापारी अब्दुल हक़ ने अपनी दुकान 'अल्लाबक्श अब्दुलहक़' को लुटते देखकर 'अपनी टोपी रामकरन सिंह के कदमों पर रख दी और दोनों हाथ जोड़कर उसके सामने गिड़गिड़ाता रहा कि

1. कांग्रेस जाँच आयोग के समक्ष दिया गया राधेरमन अग्रवाल का बयान, पृ. 280

उसकी दुकान लुटने से बचा ली जाए पर हर बार रामकरन सिंह मुस्कराकर अपना मुँह दूसरी तरफ कर लेता था।'[1] मौके पर थाना प्रभारी रामकरन सिंह के साथ एक डिप्टी कलक्टर भी था। दोनों के सामने गिड़गिड़ाने का तो कुछ असर नहीं हुआ पर 'आधे-पौने घंटे के बाद लूट अचानक बंद हो गई। पूछने पर पता चला कि गणेश शंकर विद्यार्थी दुकान लुटने की खबर सुनकर वहाँ पहुँच गए थे और उन्होंने लुटेरों को भगाया।'[2]

दोनों जाँच कमीशनों के सामने दी गई गवाहियाँ इस बात की ताईद करती हैं कि दंगा भड़कने का कारण पुलिस की अपर्याप्तता नहीं थी, बल्कि सरकारी मशीनरी द्वारा जान-बूझकर अख्तियार की गई निष्क्रियता बल्कि उससे भी आगे जाकर उनके द्वारा दंगाइयों को दिया गया प्रोत्साहन था।

1946 में कलकत्ता में मुस्लिम लीग सरकार द्वारा आयोजित डायरेक्ट ऐक्शन डे पर हुआ दंगा हमारे अध्ययन के लिए कई अर्थों में महत्त्वपूर्ण है। इस समय तक लगभग यह तय हो चुका था कि भारत शीघ्र ही आज़ाद हो जाएगा और इस दंगे को रोकने की जिम्मेदारी भी भारतीयों की थी। पर अभी तक नौकरशाही का एक बड़ा हिस्सा अंग्रेज अधिकारियों का था। इन आई. सी.एस. या आई.पी. अधिकारियों पर जनता के निर्वाचित प्रतिनिधियों का अंकुश नहीं के बराबर था। फौज़ जो दंगों को रोकने में प्रभावी रूप से नागरिक अधिकारियों का साथ दे सकती थी, अभी तक निर्वाचित प्रतिनिधियों के नियंत्रण के बाहर थी। इस दंगे में गोरी नौकरशाही एक चिढ़ी हुई संस्था के रूप में सामने आती है, जो लगातार चुनी हुई सरकार के साथ असहयोग कर उसे दंगा-नियंत्रण में असफल करना चाहती थी, ताकि यह साबित किया जा सके कि हिंदू-मुसलमान तो आपस में लड़ते ही हैं और अंग्रेजों के चले जाने के बाद और अधिक लड़ेंगे।

16 अगस्त, 1946 को पाकिस्तान हासिल करने के लिए मुस्लिम लीग ने 'डायरेक्ट ऐक्शन डे' मनाने का फैसला किया। यह जुमे का दिन था और मुस्लिम लीग ने विशेष रूप से यह दिन चुना था। 'डायरेक्ट ऐक्शन डे' के कार्यक्रम में बाजार बंद कराना और पूरी तरह से हड़ताल रखना शामिल था। बंगाल में मुस्लिम लीग की सरकार थी, इसलिए उसने इस दिन सरकारी छुट्टी घोषित कर दी थी। देश-भर में कई स्थानों पर बाजार बंद कराने को लेकर

1. कांग्रेस जाँच आयोग के समक्ष दिया गया मुंशी नूर इलाही का बयान, पृ. 290
2. वही, अब्दुल हक़ का बयान, पृ. 290

हिंदू-मुस्लिम झड़पें हुईं और इनकी परिणति अक्सर सांप्रदायिक दंगों में हुई। इस शृंखला का सबसे भयानक दंगा कलकत्ते में हुआ, जिसमें सरकारी आँकड़ों के अनुसार पाँच हजार से अधिक लोग मारे गए।

यह दंगा इस अर्थ में विशिष्ट है कि जिन शक्तियों ने दंगा शुरू कराया, वे सत्ता में थीं पर जब उन्होंने इसे रोकने का प्रयास किया तो सेना और पुलिस के असहयोग के कारण बुरी तरह से असफल हो गईं। 16 अगस्त को जब दंगा शुरू हुआ तो प्रारंभिक दौर में मुसलमान प्रभावी स्थिति में थे, पर जल्दी ही हालात बदल गए। कुछ ही घंटों के अंदर मुसलमानों का भारी संहार शुरू हो गया। मुस्लिम लीग की सरकार और इसके प्रधानमंत्री सुहरावर्दी को शांति स्थापित करने के लिए अंग्रेज पुलिस अधिकारियों और सेना का कैसा सहयोग मिला, इसका विस्तृत विवरण 19 अगस्त, 1973 के 'इलस्ट्रेटेड वीकली ऑफ इंडिया' के अंक में छपे पी.एस. माथुर के संस्मरणों से मिलता है। माथुर तत्कालीन बंगाल सरकार में उच्च पद पर आसीन थे। उन्होंने तत्कालीन अंग्रेज पुलिस कमिश्नर हार्डविक के अड़ियल रुख पर अच्छा प्रकाश डाला है–'मैंने कंट्रोल रूम में कुछ बहुत ही स्तब्ध करनेवाली बातचीत सुनी। जब पुलिस-कमिश्नर से फोन पर अनुरोध किया गया कि वह नगर पुलिस के योरोपियन सार्जेंटों को भेजें तो फोन करनेवाले को ठंडे स्वर में बताया गया कि–क्या बोलेगा मिस्टर, आप जो माँगता है उस रकम का सार्जेंट तो आप ही के हुकुम के साथ इंडिया छोड़ गया है।' एक अन्य मौके पर हार्डविक ने कहा, 'मैं आपके मामलों में दखल देनेवाला कौन होता हूँ ? हिंदू चाहते हैं कि हम चले जाएँ। मुसलमान चाहते हैं कि हम देश उनके हवाले कर दें। मैं कुछ नहीं कर सकता। आप कांग्रेस दफ्तर फोन क्यों नहीं करते।'

एक वरिष्ठ आई.पी. अधिकारी और उत्तर प्रदेश के भूतपूर्व पुलिस महानिरीक्षक श्री एन.सी. सक्सेना[1] ने तत्कालीन प्रशासन और सरकार के रिश्ते को परिभाषित करते हुए लिखा है :

'उस सुबह 8 बजे जब आपात कार्ययोजना लागू की गई तो लाल बाजार में 200 सिपाही थे और शेष बैरकों में थे, जिन्हें आवश्यकता पड़ने पर बुलाया जा सकता था। सड़कों से आधी ट्रैफिक पुलिस, जिसकी संख्या 150 थी, बुला ली गई। इनके अतिरिक्त 16 इंस्पेक्टर और 114 सार्जेंट और

---

1. एन.सी. सक्सेना : कम्यूनल रायट्स इन इंडिया, पृ. 13

थे। आज तो कलकत्ता में एक फुटबाल मैच या सार्वजनिक सभा में ही इससे 15 गुना अधिक बल लगाया जाता है। वे इस छोटे-से पुलिस-बल की मदद और बिना किसी पूर्व तैयारी के कलकत्ता को बचाना चाहते थे।'

मुस्लिम लीग के प्रधानमंत्री को यह श्रेय दिया जाना चाहिए कि उसने फौज को बुलाने पर जोर दिया, लेकिन योरोपीय प्रशासकों ने इसका विरोध किया और उपलब्ध होने के बावजूद फौज नहीं बुलाई गई। यह उदाहरण यह सिद्ध करने के लिए पर्याप्त है कि यदि शीर्ष प्रशासन कोई उत्साह न दिखाए तो क्या नुकसान हो सकता है।

1858 में बाबरी मस्जिद रामजन्म भूमि विवाद को हवा देने तथा 1931 के कानपुर दंगों को न रोकने के पीछे जहाँ ब्रिटिश मानसिकता में हिंदुओं और मुसलमानों के अंतर्विरोधों को भड़काकर 'फूट डालो और राज्य करो' की प्रवृत्ति काम कर रही थी, वहीं 1946 के कलकत्ता दंगे में निर्वाचित सरकार की मदद करने से इनकार करने के पीछे उसकी एक ऐसी खिसियाहट दिखाई देती है जो हाथ से सत्ता खिसकते देखकर लगातार इस भ्रम में रहती है कि गौरांग महाप्रभुओं के जाते ही यह देश रसातल में चला जाएगा। इस खिसियाहट में वह इस तथ्य को भूल जाती है कि आधुनिक अर्थों में सांप्रदायिकता और सांप्रदायिक दंगे भारत को मुख्य रूप से औपनिवेशिक शासकों से ही मिले हैं। ब्रिटिश शासक कितनी शिद्दत से यह मानते थे कि उनके जाते ही भारत विनाश के कगार पर पहुँच जाएगा, इसे समझने के लिए चर्चिल द्वारा पार्लियामेंट में दिए उस बयान के एक अंश को पढ़ना पर्याप्त होगा जो उसने बिहार में 1946 के भयंकरतम दंगों के बाद दिया था। 12 दिसंबर, 1946 को ब्रिटिश हाउस ऑफ कामन्स में बोलते हुए उसने इन घटनाओं को 'तूफान टूट पड़ने के पहले बारिश की चंद बूँदें या भविष्य में घटित होने वाली घटनाओं की बानगी' बताया। उसने 'कुछ उच्च पदस्थ और विश्वसनीय सूत्रों' का हवाला देते हुए कहा कि 'बिहार ने उन आरमीनियन अत्याचारों को भी पीछे छोड़ दिया है, जिनके हवाले से कभी ग्लैडस्टोन ने उदार ब्रिटेन की नैतिकता को झकझोरा था।'

चर्चिल सिर्फ एक बात स्वीकार करना भूल गया कि जिस तूफान या भविष्य की ओर वह इंगित कर रहा था, उसकी निर्मिति में औपनिवेशिक ब्रिटिश साम्राज्य का ही बड़ा योगदान था।

चार

भारतीय समाज में सांप्रदायिकता और तज्जनित सांप्रदायिक दंगों के पीछे कई बार असंतुलित तथा शोषण-आधारित आर्थिक संबंध भी महत्त्वपूर्ण कारण रहे हैं। इनके भीतर हम राजनीतिक हथकंडों के जरिए क्षेत्रीय आर्थिक सच्चाइयों का संतुलन बदलने के प्रयास भी देख सकते हैं। अक्सर सांप्रदायिक शक्तियाँ अपने समुदाय के पिछड़ेपन को रेखांकित कर उन्हें दूसरे समुदाय के विरुद्ध गोलबंद करने का प्रयास करती रही हैं और आमतौर से इस पूरे प्रयास के पीछे जबर्दस्त राजनैतिक या धार्मिक महत्त्वाकांक्षाएँ छिपी रहती हैं। कई बार धार्मिक आंदोलनों के पीछे शुद्ध रूप से ऐसे आर्थिक उद्देश्य होते हैं, जिनके बारे में आंदोलन के सूत्रधारों को छोड़कर भाग लेनेवाले विशाल समुदाय को कुछ पता ही नहीं चलता और वह अंत तक यह नहीं समझ पाता कि एक निहित स्वार्थी गुट द्वारा उसका किस चालाकी से इस्तेमाल किया जा रहा है। मोपला विद्रोह, पूर्वी बंगाल में हिंदू जमींदारों तथा सूदखोरों के विरुद्ध हुए संघर्ष और गोरक्षा के नाम पर चले आंदोलन में जमींदारों द्वारा बिहार और पूर्वी उत्तर प्रदेश में मुस्लिम किसानों को बेदखल करना कुछ ऐसे ही उदाहरण हैं।

सुनकर हैरानी होती है, किंतु यह सत्य है कि 1921-22 का मोपला विद्रोह खिलाफत तथा असहयोग आंदोलन की उपज था। यद्यपि विद्रोह के वास्तविक कारण मालाबार के समाज में भयानक रूप से जुल्म और शोषण पर आधारित कृषि संबंधों में छिपे थे। इन कृषि संबंधों के कारण 1836 से 1919 तक मालाबार में संघर्ष की बहुत-सी घटनाएँ हुईं, जिनमें मोपला किसान अपने हिंदू शोषकों या अंग्रेजों के विरुद्ध लड़े। किंतु 1921-22 का मोपला विद्रोह पहले के सभी संघर्षों से इस अर्थ में बड़ा था कि उसने सैकड़ों वर्ग किलोमीटर क्षेत्र से कई महीनों के लिए ब्रिटिश राज्य को समाप्त कर दिया था। इस साम्राज्यवाद विरोधी रुख के अतिरिक्त इस आंदोलन का सांप्रदायिक चरित्र भी था। सरकारी आँकड़ों के अनुसार सिर्फ एरनाड में 300 हिंदू मंदिर नष्ट किए गए और 900 हिंदू बलात् मुसलमान बनाए गए। लगभग 20,000 हिंदू अपने घर-बार छोड़कर भाग गए। इसके अतिरिक्त मृतक हिंदुओं की संख्या भी हजारों में पहुँची। साम्राज्यवाद विरोधी आंदोलन अपने मूल चरित्र में सांप्रदायिक कैसे बना रहा, इसे समझने के लिए मालाबार क्षेत्र के कृषि संबंधों को समझना होगा।

स्वतंत्रता से पहले आधुनिक केरल राज्य का उत्तरी हिस्सा मालाबार एक जिले के रूप में मद्रास प्रेसीडेंसी का भाग था। मालाबार जिला उत्तर से दक्षिण की ओर अरब सागर के किनारे-किनारे लगभग 150 मील तक एक पट्टी के रूप में था और इसकी चौड़ाई कहीं भी 70 मील से अधिक नहीं थी। एक जटिल अपरिवर्तनीय जाति-व्यवस्था से जकड़ी हिंदू आबादी मालाबार में, 1921 की जनगणना के अनुसार, 66 प्रतिशत थी।[1] इस व्यवस्था में सबसे ऊपर नम्बूदरी थे। इस जनगणना के अनुसार मालाबार की कुल 31 लाख की जनसंख्या में नम्बूदरी सिर्फ 20 हजार थे। इनके अतिरिक्त आबादी का 32 प्रतिशत मुस्लिम था। इनकी बहुसंख्या मलयालम भाषी थी और सही अर्थों में यही मालाबारी मुसलमान मोपला थे। इनमें बहुत थोड़े लोगों को छोड़कर लगभग सभी स्थानीय हिंदुओं से मुसलमान बने थे।

1901 और 1911 की जनगणना के अनुसार[2] मालाबार में सिर्फ 5 से 6 प्रतिशत लोगों के पास भूस्वामित्व था। इन भूस्वामियों में मुसलमान नहीं के बराबर थे। हिंदू भूस्वामियों में भी भूमि का अधिकांश भाग नम्बूदरी ब्राह्मणों के पास था। 1915 में मालाबार के कलेक्टर इन्स के अनुसार सबसे बड़े 86 भूस्वामी-परिवारों में, जिनके पास कई-कई हजार एकड़ जमीनें थीं और जो समग्र भू-राजस्व का पाँचवाँ हिस्सा लगान में देते थे, लगभग सभी ऊँची जातियों के हिंदू थे और उनमें सिर्फ दो मोपला थे। इसी तरह 1881-82 के एक अध्ययन के अनुसार प्रमुख 829 भूस्वामियों में 370 नम्बूदरी, 339 नायर, 61 राजा, 9 गैर मलयाली ब्राह्मण, 8 तिया, 4 दूसरे हिंदू, एक योरोपियर और 37 मोपला थे। मोपला विद्रोह से सर्वाधिक प्रभावित एरनाड और वालुवानाड तालुकों में तो स्थिति और भी खराब थी। 292 बड़े भूस्वामियों में 173 नम्बूदरी, 96 नायर, 20 राजा और सिर्फ 2 मोपला थे।

इस असमान भूमि-वितरण के लिए नम्बूदरी ब्राह्मणों ने एक मनोरंजक पौराणिक आख्यान गढ़ रखा था। उनके अनुसार भगवान परशुराम ने इस भूमि को उनके उपभोग के लिए समुद्र से प्राप्त किया था। भूमि के ऐसे वितरण ने, जिसमें 95 प्रतिशत जनसंख्या भूमिहीन थी, बर्बर किस्म के अमानवीय भूमि-संबंधों को जन्म दिया। समकालीन साहित्य और सरकारी

---

1. जी.टी. बोग, सेन्सस ऑफ इंडिया—1921, खंड-13, भाग-2, पृ. 118-23
2. कोनराड वुड, द मरेनलर रिबेलियन एंड इट्स जेनेसिस, पृ. 17

दस्तावेज़ नम्बूदरी ब्राह्मणों की ज्यादतियों से भरे हुए हैं। मार्क्सवादी नेता ई. एम.एस. नम्बूदरीपाद ने, जो स्वयं नम्बूदरी थे, नम्बूदरी ब्राह्मणों की बनाई अमानवीय व्यवस्था पर खड़ी दुनिया का बड़ा मार्मिक और विस्तृत चित्रण केरल–'यस्टरडे, टुडे एंड टुमारो' में किया है। बड़े भूस्वामियों, विशेषकर नम्बूदरी ब्राह्मणों की ज्यादतियों के शिकार मोपला और निम्न जाति के हिंदू समान रूप से हुए। फ़र्क सिर्फ इतना था कि शूद्र हिंदुओं ने देश के अन्य भागों की तरह नियति मानकर पशुओं जैसा जीवन स्वीकार कर रखा था, पर मोपलाओं के लिए ऐसी कोई बाध्यता नहीं थी। उनकी बहुसंख्या निचली जातियों के हिंदुओं के धर्मांतरण की उपज थी, पर इस्लाम स्वीकार करने के बाद वे एक ऐसे दर्शन के प्रभाव में आ गए थे जो अपने धर्मावलंबियों के बीच बराबरी के सिद्धांत का प्रतिपादन करता था।

भूस्वामियों के अत्याचारों के अतिरिक्त जीवन में धर्मोन्माद के प्रवेश ने भी मोपलाओं को लगातार संघर्ष के लिए प्रेरित किया। अशिक्षित और दरिद्र मोपला के जीवन में धर्म किस हास्यास्पद हद तक हस्तक्षेप कर रहा था, इसका पता सिर्फ एक उदाहरण से लगता है। प्रथम विश्वयुद्ध के दौरान मोपला यह मानने लगे थे कि जर्मनी ने इस्लाम स्वीकार कर लिया है और तुर्की के पक्ष में उसके युद्ध में प्रवेश से यह निश्चित था कि अब अंग्रेज और उनके साथी हार जाएँगे। तुर्की और जर्मनी इस्लामी ताकत थे और ईसाई ताकतों के खिलाफ उनकी जीत में मोपलाओं को कोई शक हो ही नहीं सकता था। खिलाफत आंदोलन इसीलिए उनके लिए साम्राज्यवाद विरोधी संघर्ष से अधिक आस्था का प्रश्न था। इसके पहले के संघर्षों (1836-1919) में भी धर्म और धार्मिक प्रतीकों का विशिष्ट उपयोग दिखाई पड़ता है। संघर्ष एक मोपला के लिए आमतौर से धर्म के लिए बलिदान के रूप में होता था। मोपला को पता होता था कि ब्रिटिश ताकत द्वारा रक्षित और पोषित भूमि-व्यवस्था के विरुद्ध उसके संघर्ष का अंत असफलता में ही होता है, अतः हर संघर्ष के पहले उसमें भाग लेनेवाले लोग सफेद शहीदी कपड़े पहन लेते थे, अपनी बीवियों को तलाक दे देते थे, पड़ोसियों और संबंधियों से भूल-चूक की माफी माँग लेते थे तथा धर्म-गुरुओं से आशीर्वाद प्राप्त कर लेते थे। धार्मिक उन्माद उन्हें विचित्र आत्मघाती प्रेरणा से भर देता था।[1] इसीलिए लगभग हर बार एक ही जैसा इतिहास दुहराया जाता। हिंदुओं को मारने के

1. सर परसीवल ग्रिफिथ, टु गार्ड माय पीपुल–द हिस्ट्री ऑफ द इंडियन पुलिस, पृ. 287

बाद मोपला किसी मस्जिद या अन्य इमारत में इकट्ठे होकर अंग्रेज पलटन के आने की प्रतीक्षा करते और जीवित पकड़े जाने के स्थान पर लड़ते-लड़ते मर जाना पसंद करते। 1836 से 1919 के बीच ऐसे 29 मामले मिलते हैं, जिनमें भाग लेनेवाले मोपलाओं ने अपनी मृत्यु इसी तरह आमंत्रित की थी।

धार्मिक उन्माद के कारण ही मोपलाओं ने बहुत सारे मौकों पर बड़े भूस्वामियों तथा सूदखोरों के अतिरिक्त ऐसे हिंदुओं की भी हत्या की, जो स्वयं निम्न वर्गों से आते थे और संपत्तिशाली तबकों के अत्याचारों के शिकार थे। ऊपर अंकित 29 मामलों में 82 हिंदू मारे गए, जिनमें 78 की जाति का निर्धारण हो सका है। इनमें 63 ऊँची जातियों (23 नम्बूदरी ब्राह्मण, 6 गैर मलयाली ब्राह्मण, 34 नायर तथा अन्य) और 15 शूद्र जातियों के हिंदू थे।

1792 में मालाबार पर ईस्ट इंडिया कंपनी के कब्ज़े के बाद भू-संबंधों में और अधिक मोपला विरोधी झुकाव दिखाई देता है। मद्रास प्रेसीडेंसी तथा मालाबार जिले के अंग्रेज अधिकारियों ने इस बात को बार-बार स्वीकार किया कि अंग्रेजी हुकूमत के लिए भूमिहीन मोपलाओं के मुकाबले भूस्वामी अधिक उपयोगी हैं और राज के स्थायित्व के लिए भूस्वामियों की स्थिति अधिक मजबूत की जानी चाहिए। यद्यपि कुछ अंग्रेज अधिकारियों ने भूमि-सुधारों की वकालत की और मोपलाओं को बेदखली आदि से बचाने के लिए प्रभावी कानून बनाने की वकालत की, पर ऐसे अधिकारी हमेशा अल्पमत में रहे। ईस्ट इंडिया कंपनी और बाद में ब्रिटिश सम्राट की सरकार ने लगातार ऐसे कानून बनाए, जिनसे भूस्वामियों की स्थिति मजबूत हुई और मोपलाओं की हालत पहले से भी खराब हो गई। विशेष रूप से भूस्वामियों की बेदखली के और व्यापक अधिकार दिए गए और बिना किसी स्वामित्व के पड़ी गोचर जमीनों पर उनके कब्जे को और आसान बनाया गया।

मालाबार के जेनमी अर्थात भूस्वामी और अंग्रेज हुकूमत, मोपला के लिए दोनों ही समान शत्रु थे। एक उसे लूटता था तो दूसरा लूट का विरोध करने पर उसे अपनी शक्ति से कुचल देता था। मोपला के मन में दोनों के प्रति अपार गुस्सा और घृणा भरे हुए थे और समय-समय पर सशस्त्र मुठभेड़ों के माध्यम से वह अपने मन की भड़ास निकालता रहता था। उसकी यही मानसिकता कांग्रेस के असहयोग और खिलाफत आंदोलनों में परिलक्षित होती है। मालाबार में कांग्रेस काफी देर से अस्तित्व में आई। जिले का पहला

कांग्रेस अधिवेशन पालाघाट में मई 1916 में हुआ। यदि हम इसमें भाग लेनेवालों का वर्ग-चरित्र देखें तो यह स्पष्ट होता है कि इसमें जिन लोगों का वर्चस्व था, उन्हें मोपला पारंपरिक रूप से अपना शत्रु मानता आया था। अधिवेशन में भाग लेनेवाले प्रतिनिधियों में से 358 के पेशे के बारे में निश्चित जानकारी उपलब्ध है। इनमें 27 प्रतिशत जमींदार और उनके कारिंदे, 33 प्रतिशत वकील तथा शेष मध्यवर्ग और व्यापारी, महाजन, उद्योगपति चाय-कॉफी के प्लांटर, बाबू, अध्यापक, डॉक्टर, पत्रकार जैसे पेशेवर होते थे। मोपला इन सबसे कोई संगति नही बैठा पाता था। कांग्रेस अधिवेशन में भाग लेने वाले मोपला सिर्फ दो थे और वे भी भूमिहीन नहीं, संपत्तिशाली भद्र मोपला।

कांग्रेस अधिवेशन के डेलीगेटों का वर्ग-चरित्र उसके कार्यक्रमों के निर्धारण और इन कार्यक्रमों के प्रति मोपला प्रतिक्रिया को समझने में सहायक होगा। भूस्वामियों तथा उनसे सहानुभूति रखनेवालों से यह आशा करना निरर्थक था कि ये भूमि सुधार कार्यक्रम अपनी कार्यसूची में रखते। इसी प्रकार मोपला से यह आशा करना कि जमींदारों अथवा बेदखली की लड़ाई में अदालतों में उसके सबसे बड़े शत्रु वकीलों अथवा उसके दुःख-दर्द से पूरी तरह से गाफ़िल मध्यवर्गीय पेशेवर लोगों द्वारा संचालित कार्यक्रमों में उसकी कोई भागीदारी होगी, अनुचित होता। मोपला ने असहयोग और खिलाफत आंदोलनों में अगर पूरे उत्साह से भाग लिया तो सिर्फ इसलिए कि इसके माध्यम से वह अपने दुखों के जिम्मेदार एक महत्त्वपूर्ण कारक अंग्रेजों के खिलाफ अपने गुस्से का इजहार कर सकता था और साथ ही अंग्रेजों के हाथ तुर्की की पराजय और खलीफा के पराभव के खिलाफ एक धार्मिक युद्ध में भाग ले सकता था।

असहयोग और खिलाफत आंदोलन के शुरुआती चरण में ही यह स्पष्ट हो गया कि कांग्रेस का यह प्रयास कि मोपला अपने एक शत्रु अंग्रेजों के विरुद्ध तो उठ खड़ा हो, लेकिन दूसरे शत्रु भूस्वामियों और उनके एजेंटों के साथ मित्रतापूर्ण व्यवहार रखे, सफल नहीं हो पाएगा। मोपला-आचरण को निर्देशित करने में उस उन्मादी धार्मिक माहौल की भी निर्णायक भूमिका थी, जिससे औसत मोपला घिरा हुआ था। इसलिए प्रारंभ से ही मोपला-आंदोलन हिंदुओं के प्रति क्रूरता और असहिष्णुता से भरा था। खिलाफत आंदोलन को हिंदू-मुस्लिम एकता का पर्याय माननेवाले कांग्रेसी नेताओं की गलतफहमी जल्दी ही दूर हो गई। यह आंदोलन अंग्रेजों से अधिक हिंदुओं पर कहर ढाने

वाला सिद्ध हुआ। पोक्कटुर में प्रथम मोपला राज का घोषणापत्र जारी करनेवाले इस बात को लेकर स्पष्ट थे कि मोपला राज में सारे काफिरों की नियति मौत थी। आंदोलन के दौरान अक्सर हिंदुओं के सामने धर्मातरंण या मौत का विकल्प रखा गया। हिंदू-मुस्लिम एकता का कांग्रेसी प्रचार कितनी कमजोर नींव पर खड़ा था, इसका पता तनौर खिलाफत कमेटी के सेक्रेटरी अमीनउमानकथ परिकुट्टी मौलवी के नाम से निकले नोटिस से लगता है, जिसमें महत्त्वपूर्ण है 'स्वराज' शब्द की मोपला समझ। नोटिस में कहा गया है—'यह सभी मुसलमानों का फ़र्ज है कि वे मुसलमानों के लिए स्वराज हासिल करने का प्रयास करें...और दूसरे मजहबों को माननेवालों से असहयोग करें, जो हमारे मजहब के दुश्मन हैं।'

मोपला विद्रोह वस्तुतः कांग्रेसी नेतृत्व की उस राष्ट्रव्यापी सदिच्छा और अंततः उसकी विफलता का प्रतीक है, जिसके अनुसार खिलाफत आंदोलन में मुसलमानों के साथ-साथ हिंदुओं के भाग लेने से देश में हिंदू-मुस्लिम एकता कायम हो जाएगी। इस सदिच्छा ने लगातार इस तथ्य की उपेक्षा की कि खिलाफत आंदोलन एक संकीर्ण और कठमुल्ला आंदोलन था, जिसकी परिणति लगभग हर जगह मुस्लिम सांप्रदायिकता के विस्तार और हिंदू-मुसलमान संबंधों में कटुता में हुई। यदि कुछ समय के लिए दोनों समुदायों में कहीं सौहार्द्र दिखाई भी दिया तो वह सतही और अस्थायी ही था। प्रगतिशील मुस्लिम नेतृत्व इस आंदोलन से अलग ही रहा और यह कोई संयोग नहीं है कि तुर्की के प्रगतिशील नेतृत्व ने ही इसे अंतिम रूप से दफ़ना भी दिया। मोपलाओं को खिलाफत और असहयोग आंदोलन में भाग लेने के लिए प्रेरित करने वाले अगर यह सोचते थे कि इससे हिंदू-मुस्लिम एकता कायम हो जाएगी, तो वे निश्चित रूप से एक काल्पनिक और मिथ्या संसार में जी रहे थे। यह बात आंदोलन के परिणामों से भली-भाँति साबित हो जाती है। यदि कांग्रेसी नेतृत्व ने खिलाफत के स्थान पर भूमि-सुधारों को अपने कार्यक्रम का प्रमुख हिस्सा बनाया होता तब स्थिति शायद भिन्न होती। यद्यपि यह कहना भी सरलीकरण होगा कि आर्थिक मुद्दों पर कोई संघर्ष मोपलाओं के जीवन से धर्म के उन्मादी प्रभाव को आसानी से खत्म कर देता। इसके लिए एक लंबे संघर्ष की और राजनैतिक चेतना विकसित करने की आवश्यकता होती। पर यह निश्चित रूप से कहा जा सकता है कि केवल भूमि-सुधारों के समवेत संघर्ष के माध्यम से ही मालाबार में वास्तविक हिंदू-मुस्लिम एकजुटता कायम हो सकती थी। यही संघर्ष कालांतर में सच्चे साम्राज्यवाद विरोधी संघर्ष के

रूप में देश की आजादी के आंदोलन से भी जुड़ सकता था। मालाबार कांग्रेस का वर्ग-चरित्र देखते हुए यह आशा करना बेमानी ही लगता है कि यह संस्था जेनमी या भूस्वामियों के विरुद्ध भूमिहीन मोपलाओं को संगठित करती।

बीसवीं शताब्दी के प्रारंभिक दशकों में बंगाल, विशेष रूप से पूर्वी बंगाल में निरंतर हिंदू-मुस्लिम संघर्ष होते रहे। इन संघर्षों के पीछे भी मालाबार जैसे भूमि-संबंध तथा मुस्लिम और हिंदू समुदायों में विभिन्न धार्मिक एवं सांस्कृतिक आंदोलनों के माध्यम से निरंतर विकसित होने वाली सांप्रदायिक कट्टरता थी। बंगाल के ये संघर्ष इस तथ्य को समझने में मदद करते हैं कि किस तरह कट्टर धार्मिक नेतृत्व, जो आमतौर पर संपत्तिशील तबकों का पक्षधर होता है और उन्हीं के हित में काम करने का आदी होता है, सांप्रदायिक उन्माद भड़काने के लिए समाज के कमजोर वर्गों का धार्मिक प्रतीकों के सहारे इस्तेमाल करता है। इस शताब्दी के पूर्वार्द्ध में बंगाल के सारे सांप्रदायिक दंगे लौकिक प्रतीकों तकलीफों को धार्मिक संस्थाओं के माध्यम से सांप्रदायिक अभिव्यक्ति देने के प्रयास हैं।

1906 से 1946 तक बंगाल में जो बड़े सांप्रदायिक दंगे हुए, वे थे 1906-1907 में मैमनसिंह, 1918-1926 में कलकत्ता, पबना और ढाका, 1930 में किशोरगंज, 1931 में चटगाँव, 1941 में ढाका और 1946 में कलकत्ता में हुए दंगे। इनमें एक बात सभी दंगों में बड़े स्पष्ट और समान रूप से मौजूद थी। वह थी मुल्लाओं द्वारा हिंदू जमींदारों, और साहूकारों द्वारा निम्नवर्गीय मुसलमानों पर की जानीवाली ज्यादतियों के पीछे धार्मिक कारण रेखांकित कर उनकी आर्थिक मुक्ति के लिए इस्लाम को एक प्रभावशाली माध्यम के रूप में पेश करना। यही कारण है कि अधिकतर सांप्रदायिक दंगों में मुख्य रूप से ग्रामीण जमींदार और साहूकार मुस्लिम भीड़ के शिकार हुए तथा शहरों में मूल्य-वृद्धि तथा जमाखोरी के लिए जिम्मेदार मारवाड़ियों को हिंसा का निशाना बनाया गया। यद्यपि कमजोर हिंदू वर्ग जैसे ग्वाले, धोबी, मेहतर तथा मछुआरे भी सांप्रदायिक हिंसा की चपेट में आए, पर प्रारंभिक दंगों में ऐसा अपवादस्वरूप ही हुआ। बाद में (1930 से 1946) जब दंगे अलग मुस्लिम राष्ट्र की आकांक्षा को मूर्त रूप देने का सशक्त माध्यम बन गए, तब यह स्थिति जरूर बदली और तब किसी भी हिंदू पर होनेवाला हमला

एक वृहत्तर धार्मिक तथा राजनैतिक उद्देश्य का अंग बन गया।

धार्मिक नेताओं ने बड़ी चालाकी से इस तथ्य को अपने अनुयायियों की समझ से परे रखा कि हिंदुओं का बहुत छोटा-सा प्रतिशत जमींदार या साहूकार था। मैमनसिंह के एक विवरण के अनुसार जमींदारों और प्रथम श्रेणी के भूस्वामियों को प्राप्त होनेवाले अस्सी लाख के राजस्व का आधा सिर्फ साहा, नाबाशाख और वणिक जातियों के 25 लोगों के बीच बँट जाता था।[1] इसी तरह साहा और मारवाड़ियों द्वारा उधार दिए जानेवाले रुपयों पर आमतौर से 25 से 50 प्रतिशत तक सूद लिया जाता था और कई बार तो यह सौ प्रतिशत तक पहुँच जाता था। इन जमींदारों या साहूकारों की लूट और ज्यादतियों के शिकार सिर्फ मुसलमान ही नहीं होते थे, बल्कि हिंदुओं की जनसंख्या का बड़ा हिस्सा भी समान रूप से पीड़ित था। मुसलमान रैयत की ही भाँति हिंदू रैयत भी अपने जमींदारों को लगान के अतिरिक्त भाँति-भाँति के टैक्स देती थी। इनमें जमींदार के आदमियों को बख्शीश, जमींदार की पूजा का कर, स्कूलों में नई कक्षा खुलने से लेकर जमींदार के परिवार में विवाह और जन्म दिनों के मौकों पर दिया जानेवाला कर शामिल था। काश्तकार जमींदार को सलामी दिए बिना तालाब नहीं खुदवा सकता था, मकान नहीं बनवा सकता था और पेड़ नहीं कटवा सकता था। काश्तकार को जमींदार कोई पट्टा नहीं देता था। केवल भू-राजस्व की रसीद के माध्यम से जमीन पर उसका अधिकार साबित होता था और यह रसीद बड़ी अस्पष्ट होती थी। जमींदार को बेदखली के असीमित अधिकार हासिल थे, जिनका वह बेदर्दी के इस्तेमाल करता था। पर ये सब तथ्य मुस्लिम काश्तकारों के साथ-साथ हिंदू काश्तकारों के लिए भी वैध थे और वे भी जमींदारों द्वारा उसी तरह सताए जाते थे, जिस तरह मुस्लिम काश्तकार। इसी तरह एक भी ऐसा उदाहरण नहीं मिलता, जिससे यह सिद्ध होता हो कि साहूकार हिंदुओं से कम सूद लेते रहे हों या उनसे ऋण-वसूली करते समय कम सख्ती बरतते रहे हों। यद्यपि मुसलमान जमींदार बहुत कम थे, पर उनके द्वारा भी मुस्लिम रैयतों के साथ किसी तरह की नरमी के व्यवहार के उदाहरण नहीं मिलते। वे भी उतने ही क्रूर थे, जितने हिंदू जमींदार।

घोर अशिक्षा (1911 की जनगणना के अनुसार 4.14 प्रतिशत और 1931 की जनगणना के अनुसर 5.69 प्रतिशत साक्षरता) और प्रभावी

---

1. सुरजन दास, कम्यूनल रायट्स इन बंगाल—1905-1947

लौकिक प्रतीकों के अभाव में यह स्वाभाविक था कि बंगाल का मुसलमान आसानी से कठमुल्लों के इस प्रचार का शिकार हो गया कि उनके शोषण और बदहाली का कारण हिंदू हैं। उसने दंगों के दौरान शोषण के मूर्त स्वरूपों पर हमला कर अपनी मुक्ति की कामना को अभिव्यक्ति दी। मैमनसिंह (1906-1907), कलकत्ता (1918 और 1926) पबना (1926) और ढाका (1926) के दंगों की सबसे बड़ी विशेषता थी जमींदारों और साहूकारों की बहियों तथा गिरवी के कागज़ातों की लूट। शहरी इलाकों में मारवाड़ियों की बेइज्ज़ती और उन पर हमले भी इसी गुस्से की अभिव्यक्ति थे। शुरू के दशकों में हिंदू मंदिरों पर हमले भी बहुत कम हुए। कुछ स्थानों पर जमींदारों के मंदिरों पर हमले किए गए, पर ये वे मंदिर थे जिनके रख-रखाव के नाम पर जमींदार काश्तकारों से जबरिया वसूली करते थे। आर्थिक कठमुल्ले इसमें धार्मिक रंग भरते रहते थे। फलस्वरूप निम्न वर्गों को भी बीच-बीच में इस उन्माद का कहर झेलना पड़ता था। 1930 के बाद के दंगों में इन वर्गों को अधिक मुसीबतें झेलनी पड़ीं, क्योंकि तब तक दंगों का राजनैतिक उपयोग निर्धारित हो चुका था और सड़कों पर इन्हीं वर्गों के लोग आसानी से हिंसा का प्रकोप झेलने के लिए उपलब्ध थे।

बंगाल के दंगों में आर्थिक मुद्दे किस तरह सांप्रदायिक स्वरूप में इस्तेमाल हो रहे थे, इसे समझने के लिए सिर्फ एक उदाहरण काफी है। मुल्लाओं ने स्वधर्मावलंबियों के लिए पाँच वक्त की नमाज़, हिंदुओं के दिए भोजन का निषेध तथा पूजा के लिए चंदा न देने जैसे फर्ज़ तो अनिवार्य घोषित किए ही, साथ में मुस्लिम वेश्याओं द्वारा हिंदुओं को अपना शरीर न सौंपने और मुस्लिम घरेलू नौकरों द्वारा हिंदू जमींदारों के घर काम न करने जैसी अपेक्षाएँ भी रखीं।[1] इन मुल्लाओं को संस्थागत वेश्यावृत्ति से कोई परहेज नहीं था और ऐसी माँग उनके द्वारा कभी नहीं की गई कि मुस्लिम वेश्याएँ मुसलमानों को शरीर न बेचें। मैमनसिंह के दंगे में खासतौर से ऐसी वेश्याओं के ऊपर हमले हुए, उनकी संपत्ति लूटी गई और उनसे जबरन निकाह किए गए जो हिंदू जमींदारों की रखैलें थीं। इसी प्रकार हिंदू जमींदारों के मुसलमान नौकरों पर चाकरी छोड़ने में हिचकिचाहट दिखाने पर हमले हुए।

आर्थिक मुद्दों का धर्माधारित राजनीति में किस तरह अवसरवादी

1. एस. सरकार—द स्वदेशी मूवमेंट इन बंगाल—1903-1908

इस्तेमाल किया जा सकता है, इसका दूसरा उदाहरण बंगाल विधानसभा में भूमि-सुधारों तथा साहूकारों के विरुद्ध पेश होनेवाले विधेयकों पर कांग्रेस और कृषक प्रजा पार्टी तथा मुस्लिम लीग द्वारा अपनाया गया रवैया है। मुस्लिम लीग, जो संयुक्त प्रांत तथा दूसरे प्रांतों में मुख्य रूप से ताल्लुकेदारों तथा जमींदारों के हितों का प्रतिनिधित्व करती थी, बंगाल में निरंतर भूमि सुधारों के पक्ष में खड़ी दिखाई देती है। कृषक प्रजा पार्टी, जो मुख्य रूप से मुसलमानों का प्रतिनिधित्व करती थी, वह भी भूमि-सुधारों की पक्षधर थी। इसके बरक्स कांग्रेस जमींदारों के हितों की सक्रिय प्रवक्ता बनी रही। मुस्लिम लीग तथा कृषक प्रजा पार्टी ने विधानसभा में साहूकारों के ऋण पर ब्याज की दर कम कराने की भरपूर कोशिश की और कांग्रेस ने प्राणपण से इसका विरोध किया। मजहबी मुस्लिम अखबार भी निम्न वर्गों के हितों की वकालत करते थे, जबकि हिंदू अखबार हमेशा जमींदारों तथा महाजनों के पक्ष में लिखते थे। कारण बड़े स्पष्ट थे। कांग्रेस और हिंदू अखबार किसी तरह के भूमि-सुधार और महाजनों पर अंकुश लगाने के खिलाफ सिर्फ इसलिए थे कि ये प्रयास उन्हें हिंदुओं के विरुद्ध लगते थे। मुस्लिम राजनैतिक दलों और प्रेस के लिए सर्वहारा की वकालत करना मजहबी फर्ज़ था, क्योंकि मुसलमान बंगाल की अर्थव्यवस्था में एकदम निचली सीढ़ी पर खड़े थे।

19वीं शताब्दी के उत्तरार्द्ध में चला गोरक्षा-आंदोलन और उसके फलस्वरूप बंबई, बिहार और वर्तमान पूर्वी उत्तर प्रदेश में हुए भयानक दंगे धार्मिक प्रतीकों के माध्यम से सामाजिक, आर्थिक और राजनैतिक उद्देश्यों की पूर्ति के लिए इस्तेमाल किए गए। इनमें बंबई का दंगा शहरी और औद्योगिक बस्तियों तक सीमित था, किंतु बिहार और पूर्वी उत्तर प्रदेश के दंगे एक बड़े ग्रामीण दायरे में फैले थे। आजमगढ़, बलिया, गाज़ीपुर, सारण, शाहाबाद, गया और पटना के देहातों में हजारों वर्ग मील के दायरे को प्रभावित करनेवाले ये दंगे कई वर्षों तक कानून और व्यवस्था लागू करनेवाली मशीनरी को प्रभावित करते रहे। कुछ अंग्रेज नौकरशाहों का यह कथन सच है कि 1857-58 के बाद भोजपुरी-भाषी इलाकों में इतनी बड़ी उथल-पुथल पहली बार हो रही थी।

गोरक्षा के लिए पहला संगठित सशस्त्र प्रयास कूका विद्रोह के दौरान दिखाई पड़ता है, पर यह एक स्थानीय आंदोलन बनकर रह गया। आर्य

समाज ने इसे एक राष्ट्रीय अभियान बनाने और हिंदू अस्मिता से जोड़ने का काम किया। आर्य समाज के विस्तार के साथ ही देश-भर में गौरक्षिणी समितियाँ बननी शुरू हुईं। 1885 में बंबई में गोरक्षा मंडली बनी और नवंबर, 1889 में पूना में बाल गंगाधर तिलक उसके प्रमुख कर्ता-धर्ता बन गए। 11 अगस्त, 1893 को बंबई में दंगा हुआ, जिसका प्रमुख कारण, बंबई प्रेसीडेंसी के गवर्नर हैरिस के अनुसार, गोरक्षा मंडली द्वारा फैलाया गया सांप्रदायिक उन्माद था। 1887-88 के बाद पूर्वी उत्तर प्रदेश में गोहत्या के विरुद्ध आंदोलन ने जोर पकड़ लिया। इसका कारण इलाहाबाद म्यूनिसिपल कमेटी द्वारा गोवध पर रोक लगाने और उस पर इलाहाबाद उच्च न्यायालय द्वारा गाय को धार्मिक प्रतीक के रूप में कानूनन अवध्य घोषित करने से इनकार करने से उत्पन्न हुआ। इसके लिए अलग-अलग नगरों में गोरक्षा समितियाँ बनीं। चमत्कृत कर देनेवाली तेजी और असाधारण संगठन-क्षमता के बल पर ये, भोजपुरी-भाषी पूर्वी उत्तर प्रदेश और बिहार के जिलों में सुदूरवर्ती ग्रामीण इलाकों तक पहुँच गयीं, परिणामस्वरूप इन इलाकों में व्यापक रूप से मुसलमानों को जान-माल की क्षति उठानी पड़ी।

गोरक्षा-आंदोलनों के पीछे सिर्फ पवित्र गाय की रक्षा जैसा धार्मिक मकसद ही नहीं था। कई बार उसके पीछे कहीं गहरे निहितार्थ छिपे रहते थे। यह तथ्य ध्यान में रखना चाहिए कि इस आंदोलन का नेतृत्व आमतौर से सामंती तत्त्वों के हाथ में था। वर्तमान पूर्वी उत्तर प्रदेश और बिहार के भोजपुरीभाषी क्षेत्रों में जमींदार मुख्य रूप से भूमिहार, क्षत्रिय या ब्राह्मण थे और ये ही जातियाँ गोरक्षा-आंदोलन का नेतृत्व कर रही थीं। राजा दरभंगा और उनके वंशज, लाल छत्रपति सिंह या लोमी उपाध्याय इसी तरह के उदाहरण हैं। 'इस आंदोलन में हिंदू समुदाय का अर्थ जाति और जमींदारी सम्मान से काफी हद तक निर्धारित होता था और हिंदू सम्मान की रक्षा का मतलब जमींदारों द्वारा अपनी हैसियत का प्रदर्शन भी था।'[1]

गोरक्षा-आंदोलन के पीछे दो और दिलचस्प तथ्य परिलक्षित होते हैं, जो इसके पीछे काम कर रही शक्तियों के धार्मिकेतर कारणों पर भी प्रकाश डालते हैं। भोजपुरी इलाके में कई स्थानों पर ऐसी घटनाएँ हुईं जिनमें जमींदारों ने मुसलमानों पर गोवध का आरोप लगाकर उन्हें बेदखल करने का प्रयास किया। जाहिर था कि बेदखल मुसलमानों की जमीनें उन्हें ही मिलतीं।

1. ज्ञानेन्द्र पांडे, द कन्स्ट्रक्स ऑफ कम्यूनलिज्म इन मेडिवल इंडिया, पृ. 192

कई स्थानों पर मुस्लिम काश्तकारों द्वारा जमींदारों को बेगार देने में कोताही या लगान में बढ़ोत्तरी को स्वीकार करने से इनकार भी इन घटनाओं के पीछे प्रमुख कारण रहा। कुछ स्थानों पर पड़ोसी मुसलमान जमींदार से आर्थिक प्रतिद्वंद्विता भी दिखाई दी। इन सारी स्थितियों में सामान्य प्रक्रिया यह थी कि हिंदू जमींदार जिन मुसलमानों को दंडित करना चाहते थे, उनके ऊपर वे गोकशी का आरोप लगाकर हिंदू भीड़ को उकसाकर आक्रमण करने के लिए प्रेरित कर देते थे।

दूसरा तथ्य निचली जातियों द्वारा बिहार में अपनी सामाजिक हैसियत बढ़ाने के प्रयास के रूप में सामने आता है। विशेष रूप से अहीर, कोयरी और कुर्मी जाति के लोगों द्वारा जनेऊ पहनने, अपने नाम के साथ सिंह या राम लगाने के साथ-साथ गोरक्षा-आंदोलन में बढ़-चढ़कर भाग लेने के पीछे यह धारणा भी काम कर रही थी कि इस धार्मिक कृत्य में भाग लेकर वे जातिग्रस्त हिंदू समाज व्यवस्था में बेहतर स्थान प्राप्त कर सकेंगे। इस पूरे प्रयास में मनोरंजक बात यह थी कि हिंदू और मुसलमान दोनों वर्गों के कुलीन जमींदारों ने उनकी इस इच्छा का विरोध किया और मुजफ्फरपुर, पटना और दरभंगा में कई बार उन्हें ऊँची जातियों और मुसलमान जमींदारों का प्रकोप झेलना पड़ा। एक धार्मिक कृत्य (गोरक्षा) में भाग लेकर भी वे अपना इस्तेमाल करनेवालों को बराबरी का दर्ज़ा देने के लिए तैयार न कर सके।

3

सांप्रदायिक दंगों का मनोविज्ञान

एक

सांप्रदायिक हिंसा को वैधता प्रदान करने के लिए हर समुदाय अपने तर्क गढ़ता है। ये तर्क उस समुदाय के सदस्यों की मानसिकता में इतने गहरे पैठ जाते हैं कि अक्सर वे इसे अपनी सांस्कृतिक पहचान का एक अंग मानने लगते हैं। इन्हीं तर्कों से दूसरे समुदायों के बारे में कोई समुदाय पूर्वाग्रह पाल लेता है। अपने को अहिंसक, उदार, सहिष्णु या धर्मभीरु मानना और दूसरे समुदाय को स्वभावतः क्रूर, धूर्त, कट्टर और अविश्वसनीय रूप में देखना—ऐसे पूर्वाग्रह हैं, जिन्हें आमतौर से सभी समुदाय अपनी सोच के अभिन्न अंग के रूप में बनाए रखना चाहते हैं, और इन पर किसी भी बहस से परहेज करते हैं। कई बार किसी समुदाय

का आचरण ऐसा हो जाता है, जिस पर कोई सफाई नहीं दी जा सकती। अपनी करतूत को वैध ठहराने के लिए यह समुदाय दूसरे समुदाय के व्यवहार में ऐसे कारण तलाश करने लगता है, जिनसे उसका आचरण आलोचना की परिधि के बाहर आ सके। उदाहरण के लिए–सिर्फ सांप्रदायिक शक्तियाँ ही अपने समुदाय को हिंसा के लिए उत्तेजित करने के लिए दूसरे समुदाय की क्रूरता का अतिरंजित वर्णन नहीं करतीं, बल्कि अपेक्षाकृत उदार बुद्धिजीवी तबका भी इसी तर्क से अपने समुदाय की हिंसा को तर्कसंगत सिद्ध करने लगता है।[1] कई बार तो अपने समुदाय के भोलेपन और अहिंसक होने के तर्क इतनी हास्यास्पद गंभीरता से रखे जाते हैं कि उन्हें स्वीकार करने का मतलब सारी मानवीय दुर्बलताओं और तार्किक व्यवहार का निषेध होता है। इस तर्क के द्वारा यह साबित करने का प्रयास किया जाता है कि एक समुदाय हर स्थिति में अहिंसक और न्यायप्रिय बना रहता है और उसके द्वारा की गई हिंसा आत्मरक्षार्थ की गई प्रतिक्रिया मात्र होती है।[2] सांप्रदायिक दंगे सड़कों से पहले दिल-दिमाग के स्तर पर होते हैं। समुदाय को बड़े पैमाने पर हिंसा में शरीक होने के लिए तैयार करने के पहले यह आवश्यक है कि उसके सामने कुछ ऐसे कारण रखे जाएँ जो न सिर्फ उसकी हिंसा को वैध ठहराएँ, बल्कि समुदाय की मानसिकता को ऐसे बिंदु पर छुएँ जहाँ हिंसा में भाग न लेना कायरता से भी बढ़कर समुदाय-विरोधी कृत्य समझा जाए। यह समझ कई स्तरों पर विकसित होती है।[3] पहले अध्याय में सांप्रदायिकता की परिभाषाओं के विश्लेषण के दौरान हम देख चुके हैं कि इसका सबसे महत्त्वपूर्ण पक्ष समुदायों की धर्म-आधारित अवधारणा है। आर्थिक, भाषिक, सांस्कृतिक अथवा भौगोलिक भिन्नताओं को नकारकर एकरूप (Homogenous) समुदाय (कई बार राष्ट्र–Nation) की कल्पना करना और उसके सदस्यों को यह विश्वास दिलाना

1. इंदिरा गाँधी की हत्या के बाद सिक्खों के व्यापक संहार के पीछे लगभग हर शहर में यह अफवाह फैलाई गई कि सिक्खों ने हत्या के बाद मिठाई बाँटी, जिससे उत्तेजित होकर हिंदुओं ने उन्हें मारा। यह अफवाह कहीं भी सही नहीं पाई गई।
2. 1946 में बिहार में 30,000 मुसलमानों (गैरसरकारी अनुमान 40-50,000) की हत्या को नोआखली में मुसलमानों द्वारा हिंदुओं के नरसंहार की प्रतिक्रिया बताया गया। नोआखली में सरकारी आँकड़ों के अनुसार 139 (गैरसरकारी अनुमान 200) हिंदू मारे गए।
3. पाकिस्तान हिस्टारिकल सोसायटी द्वारा प्रकाशित 'अ हिस्ट्री ऑफ फ्रीडम मूवमेंट' भाग-II में शरीफ अल मुजाहिद के लेख 'कम्यूनल रायट्स' के मुताबिक भारत के सांप्रदायिक दंगे हिंदुओं की बर्बरता और मुसलमानों की शांतिप्रियता के उदाहरण हैं।

कि वे एक धर्म को मानते हैं, इसलिए उनके हित एक जैसे हैं, सांप्रदायिकता के लिए खाद का काम करता है। समुदाय के हित (धार्मिक और लौकिक, दोनों) दूसरे समुदायों के हितों से टकराते हैं, यह विश्वास भी समुदाय के सदस्यों के मन में गहरे बैठाना आवश्यक होता है।

भारतीय संदर्भ में इस प्रयास को मुस्लिम और हिंदू सांप्रदायिक शक्तियों के बड़े कार्यक्रमों में देखा जा सकता है। मुस्लिम लीग मुसलमानों के विशाल जन-समुदाय तक यह संदेश पहुँचाने में सफल हो गई थी कि हिंदू और मुस्लिम दो अलग राष्ट्र हैं। भारतीय प्रायद्वीप के मुसलमान अपनी अलग-अलग सांस्कृतिक धरोहरों, भाषा, खान-पान या पोशाक संबंधी विभिन्नताओं और भौगोलिक दूरियों के बावजूद सिर्फ इसलिए एक राष्ट्र हैं कि वे एक ही धर्म—इस्लाम में आस्था रखते हैं। मुस्लिम लीग की इस अवधारणा में मुसलमानों के बहुमत ने न सिर्फ यकीन किया,[1] बल्कि मुस्लिम राष्ट्र हासिल करने के लिए संघर्ष भी किया। धर्म पर आधारित राष्ट्र की अवधारणा कितनी खोखली थी, इसका पता 1971 में बांग्लादेश के अलग राष्ट्र बन जाने से चल गया। इसी तरह हिंदुत्ववादी शक्तियों ने पिछले कुछ दशकों में राष्ट्र की मुख्यधारा का प्रश्न उठाया है। ये शक्तियाँ चाहती हैं कि मुसलमान राष्ट्र की इस मुख्यधारा में शरीक हो जाएँ। पर राष्ट्र की यह मुख्यधारा है क्या, इस प्रश्न का कोई ठोस उत्तर इन शक्तियों के पास नहीं है। यदि राष्ट्र की यह मुख्यधारा हिंदू धारा है, तो कौन-सी हिंदू धारा मुख्यधारा बनेगी ? ब्राह्मण हिंदू धारा या शूद्र हिंदू धारा, मलयाली हिंदू धारा या पंजाबी हिंदू धारा। एक बहुलवादी समाज में जितने अंतर्विरोध हो सकते हैं, सभी हिंदू और भारतीय समाज में मौजूद हैं, और अक्सर ये अंतर्विरोध न केवल असहमति के, बल्कि संघर्ष के बिंदु के रूप में आते आते हैं। हिंदुत्ववादी शक्तियों का यह नारा कि 'जो हिंदू-हित की बात करेगा, वही देश पर राज करेगा' इस अवधारणा को हिंदुओं के मन में बैठाने की कोशिश करता है कि हिंदू होने के कारण उनके हित भी एक हैं और इसी आधार पर उन्हें चुनावों में एक साथ वोट देना चाहिए।

हिंसा के मनोविज्ञान का एक अपना संपूर्ण तर्क होता है। यह तर्क काल-सापेक्ष है। मध्ययुग में धर्म जीवन में अधिक निर्णायक रूप से हस्तक्षेप कर सकता था, इसलिए उस दौर की हिंसा भी धार्मिक प्रतीकों को प्रतिबिंबित

---

1. 1946 के चुनावों के परिणाम।

करती है। ईसाई और मुस्लिम विश्व के बीच चलनेवाले क्रूसेड तथा जेहाद और भारतीय संदर्भ में ब्राह्मण-बौद्ध हिंसा या शैव-वैष्णव संघर्ष धार्मिक हिंसा के उदाहरण हैं। इस हिंसा में विधर्मियों के पूजा-स्थलों को तोड़ना या बलात् धर्मांतरण कराना शामिल होता था। इस हिंसा के पीछे धार्मिक दायित्व को पूरा करने की भावना छिपी रहती थी। इस दायित्व को पूरा करते हुए मर जाने पर इसमें भाग लेनेवाले स्वर्ग-प्राप्ति के बारे में आश्वस्त रहते थे। कबीलाई या सामंती व्यवस्था में पहचान और सुरक्षा का संकट उतना जबर्दस्त नहीं था, जितना कालांतर में उत्पादन के साधनों के पूँजीवादी विकास के दौर में बन गया। उत्पादन संबंधों में आए अंतर ने समाज में आंतरिक संतुलन को इस हद तक प्रभावित किया है कि धर्म अब सिर्फ अपने स्थूल रूप में मानवीय समस्याओं के हल नहीं पेश कर सकता। विज्ञान और विभिन्न विचारों के बीच होनेवाले पारस्परिक आदान-प्रदान के फलस्वरूप विकसित होनेवाली उदात्त मानवीय चेतना के फलस्वरूप धर्मयुद्धों जैसी हिंसा की मध्ययुगीन अवधारणा को सामाजिक स्वीकृति मिलना भी असंभव हो गया है। यही कारण है कि समकालीन विश्व में धर्म के नाम पर संगठित अकेली और काफी हद तक सशक्त प्रवृत्ति—पैन-इस्लामिज्म भी अपने अनुयायियों की विशाल संख्या को जेहाद के नाम पर उत्तेजित नहीं कर पाती। अफगानिस्तान, कश्मीर या बोस्निया-हर्जेगोविना में 'इस्लाम खतरे में है' का नारा मुस्लिम राज्यों और उनकी प्रजा को उस हद तक आंदोलित नहीं कर पाया है, जिस हद तक मध्य युग में ऐसा कोई मुद्दा कर पाता।

समकालीन विश्व में हिंसा ने विशुद्ध धार्मिक आधारों को छोड़कर लौकिक कारण तलाश लिए हैं। इन कारणों की धार्मिक व्याख्याएँ अवश्य हैं, पर मूल रूप से ये लौकिक हैं। समाज में सैकड़ों वर्षों से चले आ रहे सामाजिक संबंधों के बीच मौजूद संतुलन को बिगाड़ने में सबसे बड़ा हाथ दो शक्तियों का है। ये हैं—उत्पादन-पद्धतियों में आया परिवर्तन, और लोकतंत्र। उत्पादन के पूँजीवादी तरीकों ने निगरों के विकास, यातायात के आधुनिक और तेज साधनों के निर्माण, शिक्षा के सार्वभौमीकरण, स्त्री-पुरुष समानता जैसी संस्थाओं के निर्मित होने में मदद तो की, लेकिन विश्व ने इसका दूसरा भयावह पक्ष भी देखा, जिसमें शरीक थे उपनिवेशवाद, युद्ध तथा शोषण और गैरबराबरी पर आधारित समाज-व्यवस्था। इन परिवर्तनों ने स्वाभाविक रूप से ऐसे तनावों को जन्म दिया जिनसे विश्व पहले परिचित नहीं था। समाज के कुलीन तबकों के लिए अब विशाल वंचित, शोषित और पीड़ित जनसंख्या

को यह समझाना मुश्किल हो गया है कि उनके दुखों के कारण पारलौकिक हैं। ईश्वर, भाग्य, पुनर्जन्म या स्वर्ग-नर्क जैसी अमूर्त धारणाओं से अधिक लोग अब अपनी समस्याओं के लौकिक कारण जानना और उनका हल चाहते हैं। एक संस्था के रूप में लोकतंत्र ने भी उन शक्तियों के सामने कड़ी चुनौती पेश कर रखी है, जो सामाजिक गैरबराबरी की धार्मिक व्याख्याएँ प्रस्तुत कर उसका औचित्य सिद्ध करना चाहती हैं। इस चुनौती ने स्वाभाविक रूप से, सैकड़ों वर्षों से चले आ रहे संबंधों के सामाजिक संतुलन को गड्ड-मड्ड कर दिया है। वस्तुतः समकालीन विश्व में सांप्रदायिकता प्रभुवर्गों द्वारा अपनी विशिष्ट सामाजिक हैसियत को सुरक्षित रखने के लिए अपनाया जानेवाला सबसे प्रभावी हस्तक्षेप है। प्रभुवर्ग वंचित वर्गों के समक्ष उनकी लौकिक समस्याओं के लिए कुछ ऐसे चालाकी भरे हल पेश करते हैं, जिनसे वंचित वर्ग प्रभु वर्गों के विरुद्ध संगठित होने के बजाय आपस में ही लड़ते-कटते रहें।

लौकिक प्रतीकों के आधार पर उत्पन्न तनाव भारतीय समाज में अंग्रेजों के आने के बाद दिखाई देते हैं। ये तनाव मुस्लिम भारत में हिंदुओं और मुसलमानों के बीच पहले से विद्यमान धार्मिक तनावों से भिन्न थे। मुख्य रूप से कृषि अथवा हस्तशिल्प पर आधारित एक सामंती समाज के औद्योगिक पूँजीवादी समाज में संक्रमण के दौरान ये तनाव स्वाभाविक थे। अंग्रेजी शिक्षा के प्रतिरोध के स्तर तक अरुचि के कारण मुसलमान स्वाभाविक रूप से नौकरियों में पिछड़ते गए। वयस्क मताधिकार के आधार पर अगर चुनाव होते तो निश्चित था कि हिंदुओं के मुकाबले मुसलमानों की शासन में भागीदारी उनकी जनसंख्या के अनुपात में ही कम होती। इन दोनों स्थितियों का फायदा मुस्लिम नेतृत्व के मुल्ला-ताल्लुकेदार गठबंधन ने उठाया और वे मुस्लिम समुदाय को यह समझाने में कामयाब हो गए कि इन समस्याओं का हल मुसलमानों की अलग पहचान सुरक्षित रखने में है। यह अस्वाभाविक नहीं था कि आजादी के पहले हिंदू और मुस्लिम दोनों सांप्रदायिक तत्त्वों का नेतृत्व सामंती तत्त्वों ने किया। हिंदू महासभा और मुस्लिम लीग का नेतृत्व मुख्य रूप से जमींदारों, ताल्लुकेदारों और ऊँची जातियों के हाथों में था। ये तत्त्व अपने वर्गीय हितों के लिए सांप्रदायिकता बढ़ाने में सक्रिय रहते थे। दंगे इनके पास सबसे बड़े हथियार थे, जिनका पूरा इस्तेमाल इन्होंने हिंदू-मुस्लिम जनता के सर्वहारा वर्ग के बीच एकता न होने देने के लिए किया।

स्वतंत्रता-प्राप्ति के बाद भारत में सांप्रदायिक दंगों के जारी रहने के पीछे

किसी एक कारण को दोषी नहीं माना जा सकता। आधुनिक भारतीय राज्य का चरित्र, देश में हो रहे आर्थिक विकास का स्वरूप और विभिन्न सामाजिक संस्थाओं पर पड़ रहे इसके प्रभाव, चुनावों को लेकर भारतीय राजनैतिक दलों का आचरण, देश में संगठित माफियाओं का उदय आदि बहुत-से घटक हैं, जो समय-समय पर सांप्रदायिक दंगों के कारण के रूप में उभरकर आते रहे हैं। सांप्रदायिक दंगों के पीछे ये सारे कारण अलग-अलग या कई बार एक साथ सक्रिय रहते हैं। हाल के वर्षों में मध्यवर्गीय हिंदू समुदाय सबसे अधिक सांप्रदायिक हुआ है। इसका कारण हिंदुत्ववादी शक्तियों द्वारा रामजन्म-भूमि मंदिर के लिए बड़े व्यवस्थित ढंग से चलाया गया आंदोलन है। राज्य इस पूरे आंदोलन के विरुद्ध सशक्त प्रतिरोध नहीं खड़ा कर सका। संभवतः स्वतंत्रता के बाद किसी एक मुद्दे पर हिंदुओं का सबसे अधिक सांप्रदायीकरण और तादाद में सबसे अधिक तथा भयानक दंगे इसी आंदोलन की देन हैं। यह इसी आंदोलन का परिणाम है कि कई दर्जन ऐसे नगरों, कस्बों तथा गाँवों में पिछले दिनों दंगे हुए जहाँ इस तरह के दंगों का कोई इतिहास नहीं था और जो देश-विभाजन के समय भी ऐसे दंगों से अछूते रहे थे।

दो

सांप्रदायिक दंगों के संबंध में बहुसंख्यक समुदाय की सोच दो पूर्वाग्रहों पर आधारित है : (1) बहुसंख्यक समुदाय या हिंदू यह मानता है कि दंगे मुसलमान शुरू करते हैं और उनमें मरनेवालों में हिंदुओं की संख्या अधिक होती है। इन पूर्वग्रहों के पीछे कुछ ऐसी धारणाएँ हैं जो हिंदू मानस में कहीं बहुत गहरे पैठी हुई हैं। (2) औसत हिंदू यह मानता है कि मुसलमान स्वभावतः क्रूर, हिंसक, विश्वासघाती और कट्टर होता है। एक बार इन दोनों धारणाओं को अपने मनोविज्ञान का सहज भाग बना लेने के बाद यह बहुत स्वाभाविक हो जाता है कि हिंदुओं का विशाल बहुमत यह मानकर चले कि दंगा मुसलमान शुरू करते हैं और उसमें हिंदू अधिक मरते हैं। एक 'क्रूर और कट्टर समाज' द्वारा दंगा शुरू करने की अवधारणा किसी भी तरह उन्हें अस्वाभाविक नहीं लगती। इसी तरह दंगों में 'स्वभावतः अहिंसक और उदार समुदाय' की अधिक क्षति होना भी सहज मान्य हो जाता है।

भारत में सांप्रदायिक दंगों के मनोविज्ञान को समझने के लिए बहुसंख्यक समुदाय के मन में गहरे पैठी इन दोनों धारणाओं को विस्तार से जाँचना दिलचस्प होगा।

आमतौर से दंगा शुरू कौन करता है—मुसलमान या हिंदू—यह एक बहसतलब मुद्दा हो सकता है, क्योंकि एक ही तथ्य को अलग-अलग और कई बार विपरीत अर्थों में पेश किया जा सकता है। दंगों की शुरुआत के बारे में बहस की गुंजाइश है, लेकिन मरने वालों की तादाद के बारे में कतई नहीं। इसलिए उचित यही होगा कि पहले मरनेवालों की संख्या से संबंधित धारणा को परखा जाए। सिर्फ सरकारी आँकड़ों पर विश्वास किया जाए तो भी मरनेवालों में न सिर्फ मुसलमानों की संख्या हर दंगे में ज्यादा होती है, बल्कि आधे से ज्यादा दंगों में तो यह संख्या 90 प्रतिशत से भी अधिक होती है। भारत में सरकारी आँकड़ों की विश्वसनीयता अक्सर संदेह के घेरे में रहती है, पर अल्संख्यकों के मामले में दुनिया की कोई सरकार ऐसे झूठे आँकड़े नहीं रखना चाहेगी, जिनसे यह आभास हो कि उसके देश में अल्पसंख्यक सुरक्षित नहीं हैं।

नीचे दी गई तालिका पर एक दृष्टि डालने से मृतकों के संबंध में हिंदुओं के मन में फैली भ्रांति को समझने में मदद मिलेगी।

वर्ष	सांप्रदायिक दंगों की संख्या	मृतकों की संख्या		कुल
		हिंदू	मुसलमान	
1968	346	24	99	133
1969	519	66	558	674
1970	521	68	176	298
1971	321	38	65	103
1972	210	21	45	70
1973	242	26	45	72
1974	248	26	61	87
1975	205	11	22	33
1976	169	20	19	39
1977	188	12	24	36
1978	219	51	56	108
1979	304	80	150	261
1980	427	87	278	375
योग	**3949**	**530**	**1598**	**2289**

ये आँकड़े समय-समय पर गृह मंत्रालय द्वारा जारी रिपोर्टों से लिए गए हैं। कई वर्षों में मृतकों की कुल संख्या हिंदू मृतकों एवं मुस्लिम मृतकों की संख्या के योग से अधिक इसलिए है कि इनमें पुलिसकर्मियों, अन्य धर्मावलंबियों तथा ऐसे मृतकों की संख्या भी सम्मिलित है, जिनकी शिनाख्त नहीं हो सकी।

इन सम्मिलित आँकड़ों के अतिरिक्त 1960 के बाद के कुछ बड़े सांप्रदायिक दंगों में मरनेवालों में हिंदुओं और मुसलमानों की अलग-अलग संख्या पर नीचे दी गई तालिका पर दृष्टिपात करना भी प्रासंगिक होगा।

मृतकों की संख्या

स्थान	हिंदू	मुस्लिम	अन्य	कुल
अलीगढ़ (1961)	1	12	—	13
राँची/हटिया (अगस्त 1967)	20	156	1	177
अहमदाबाद (सितंबर 1969)	24	430	58	512
भिवंडी (मई, 1970)	17	56	2	75
जलगाँव (मई, 1970)	1	42	—	43
फिरोजाबाद (1972)	3	16	2	21
अलीगढ़ (1979)	6	19	3	28
मुरादाबाद (अग.-सितं. 1980)	18	142	6	166
मेरठ (अक्टूबर 1982 तक)	6	21	2	29
योग	**96**	**897**	**74**	**1067**

दोनों तालिकाओं से यह स्पष्ट है कि स्वतंत्रता के बाद लगभग सभी दंगों में, कुछ नगण्य अपवादों को छोड़कर, मरनेवालों में मुसलमानों की संख्या हिंदुओं की तुलना में न सिर्फ अधिक है, बल्कि बहुत अधिक है। इसके अतिरिक्त दंगों के दौरान पुलिस कार्यवाही भी मुख्य रूप से मुसलमानों के ही खिलाफ केंद्रित होती है। इस अध्ययन के तीसरे अध्याय में हम देखेंगे कि उन दंगों में भी, जिनमें सिर्फ मुसलमान मारे गए, पुलिस ने गिरफ्तारियों भी मुख्य रूप से उन्हीं में से कीं, तलाशियाँ भी अधिकतर उन्हीं के घरों में हुईं और कर्फ्यू की यातना भी उन्हीं को सहनी पड़ी। ये तथ्य किसी तरह से गोपनीय नहीं हैं। विशेष रूप से उर्दू प्रेस हर दंगे के बाद मुसलमानों के साथ ज्यादती की खबरें छापता है। कई बार ये खबरें अतिरंजित होती हैं,

लेकिन इनका मूल संदेश तो मुसलमानों तक पहुँच ही जाता है कि अगर दंगा होगा तो उसमें मुसलमान ही मुख्य रूप से मारे जाएँगे, उन्हीं के घरों की तलाशियाँ होंगी और उन्हें ही गिरफ्तार किया जाएगा। इसके बाद भी अगर मुसलमान दंगा शुरू करते हैं तो इस धारणा के पीछे कई तरह के निष्कर्ष निकाले जा सकते हैं। सबसे पहले तो यही मानना होगा कि इस धारणा में कहीं-न-कहीं कोई बुनियादी गलती है। कोई भी समुदाय, जब तक उसमें सामूहिक आत्महत्या की प्रवृत्ति न हो या वह पूरी तरह पागल न हो, अपनी क्षति के बारे में आश्वस्त होने के बावजूद दंगा क्यों शुरू करेगा ? कहीं ऐसा तो नहीं कि एक डरा हुआ समुदाय पहले हाथ उठाकर पूरे तंत्र के प्रति अपने अविश्वास और गुस्से का इजहार कर रहा हो ? साथ ही हमें दंगों की शुरुआत के बारे में भी यह तय करना होगा कि क्या किसी दंगे का प्रारंभ वास्तव में सिर्फ तभी से माना जाना चाहिए, जब वह प्रत्यक्षतः शुरू हुआ ?

तीन

यदि हम किसी दंगे की हिंसा का समाजशास्त्रीय विश्लेषण करें तो पाएँगे कि वह हिंसा किसी पिरामिड की शक्ल में विकसित होती है तथा तनाव और संघर्ष के विभिन्न स्वरूपों में पहले से ही सामाजिक संरचना में विद्यमान होती है। एक बड़ी सांप्रदायिक हिंसा की तैयारी काफी पहले शुरू हो जाती है। संघर्ष के विभिन्न चरणों से गुजरता हुआ तनाव एक ऐसे बिंदु पर पहुँच जाता है जब एक पत्थर या एक अफवाह हिंसा शुरू करने के लिए पर्याप्त होता है। तनाव के पिरामिड की शक्ल में धीरे-धीरे ऊपर बढ़ते जाने और एक ऐसे बिंदु तक पहुँचने के पीछे, जहाँ छोटी-सी बात भी हिंसा शुरू करने के लिए पर्याप्त होती है, के पीछे कई कारण हो सकते हैं। हिंदू या मुसलमान व्यापारियों में आर्थिक प्रतिद्वंद्विता, भू-माफिया की किसी भूखंड पर लगी हुई नजर या शीघ्र अथवा निकट भविष्य में होनेवाला चुनाव कुछ ऐसे कारण हैं, जिनके चलते कोई भी प्रभावी समूह तनाव के बिंदुओं को उकसाता रहता है और किसी क्षेत्र को तैयारी की ऐसी स्थिति में रखता है, जहाँ छोटी-सी घटना भी बड़ी हिंसा का कारण बन जाती है। कई बार यह कारण तनाव भरे पूरे परिदृश्य में कहीं भी संगति नहीं बैठा पाता। यह हो सकता है कि तनाव का प्रमुख कारण कोई धर्मस्थल हो पर हिंसा एक मुसलमान और एक हिंदू साइकिल चालकों के आपस में टकरा जाने से शुरू हुई हो। पर ऐसे किसी नगण्य कारण से बड़े पैमाने पर हिंसा तभी शुरू हो सकती हे, जब तनाव पहले

से ही पर्याप्त मात्रा में बारूद की तरह इकट्ठा हो। यही कारण है कि एक जैसी घटनाओं पर अलग-अलग क्षेत्रों में अलग-अलग प्रतिक्रियाएँ होती हैं। मसलन, हिंदू और मुसलमान साइकिल चालकों के आपस में टकराने से हर जगह सांप्रदायिक दंगा नहीं होगा।

भिवंडी, जलगाँव और महाड़ में मई 1970 के सांप्रदायिक दंगों की जाँच करने वाले न्यायमूर्ति डी.पी. मदान ने किसी दंगे की शुरुआत की धारणा का विश्लेषण बड़े सटीक ढंग से किया है। वे कहते हैं :

'यदि हमें किसी दंगे से संबंधित तथ्यों के बारे में केवल सतही राय बनानी है तो हमेशा लगेगा कि दंगा किसी इतनी गैर-मामूली घटना से शुरू हुआ था कि हम ताज्जुब करते रह जाएँगे कि कैसे इतनी छोटी-सी बात इतने बड़े पैमाने पर आगज़नी, लूटपाट और हत्याओं का कारण बन गई। हालाँकि, इसे समझने के लिए बहुत विद्वत्ता की जरूरत नहीं है कि यह घटना दंगे का वास्तविक कारण नहीं थी, बल्कि दंगा तो किसी अन्य कारण की मूर्त अभिव्यक्ति था।'

पिछले कुछ वर्षों में हुए दंगों में पहला पत्थर फेंके जाने और तनाव निर्मित होने की प्रक्रिया के बीच के रिश्तों को समझने के लिए कुछ दंगों के घटनाक्रम को देखना उचित होगा।

22 अगस्त, 1967 को राँची में अपराह्न लगभग साढ़े तीन बजे दंगा शुरू हुआ। ऊपरी कारण बड़ा स्पष्ट था। उर्दू के विरोध में हिंदू छात्रों द्वारा निकाले गए जुलूस पर मुसलमानों द्वारा पथराव किए जाने के कारण दंगा प्रारंभ हुआ। 22 अगस्त से पहले के दस दिनों का घटनाक्रम, उस दिन जुलूस द्वारा लगाए गए नारे और तितर-बितर होने के बाद जुलूस में शरीक लोगों का व्यवहार देखें तो स्थिति काफी साफ हो जाती है।

1967 के चुनावों के बाद बिहार में संविद सरकार बनी, जिसमें जनसंघ भी एक घटक था। संयुक्त विधायक दल की इस सरकार ने, जिसमें लगभग सभी गैर-कांग्रेसी राजनैतिक दल शरीक थे, अमल के लिए एक तैंतीस सूत्रीय कार्यक्रम घोषित किया जिसमें उर्दू को बिहार की द्वितीय भाषा बनाना भी सम्मिलित था। सरकार में शरीक जनसंघ इस कार्यक्रम से सहमत नहीं था। 14 जुलाई, 1967 को जब विधानसभा में उर्दू को दूसरी राजभाषा बनाने का एक गैर-सरकारी बिल पेश हुआ तो जनसंघ, कांग्रेस के कुछ सदस्यों तथा हिंदी साहित्य सम्मेलन जैसे गैर-सरकारी संगठनों ने उसके खिलाफ राज्यव्यापी आंदोलन की घोषणा कर दी। पूरे राज्य में 12 से 26 अगस्त तक उर्दू विरोधी

पखवाड़ा मनाया गया। राँची में 12 अगस्त से विभिन्न उर्दू विरोधी कार्यक्रम शुरू हुए। इनमें प्रमुख थे उर्दू के विरोध में पर्चे बाँटना तथा जुलूस निकालना। पर्चे बहुत ही भड़काऊ भाषा में थे और उनमें उर्दू और मुसलमानों के विरुद्ध आपत्तिजनक ढंग से तर्क दिए गए थे। 'नई पीढ़ी की मर्दानगी के लिए चुनौती' नामक पर्चे में खुलेआम मुसलमानों को देशद्रोही घोषित करते हुए हिंदुओं की नई पीढ़ी (अर्थात छात्रों) को उनके खिलाफ उठ खड़े होने के लिए कहा गया था। 16 अगस्त को उर्दू विरोध में एक जुलूस निकाला गया, जिसमें कुछ झड़पें भी हुईं। इस अवधि के दैनिक अखबारों को देखा जाए तो राँची में रोज-ब-रोज बढ़ रही उत्तेजना का पता चलता है। उत्तेजना के बढ़ते दौर में स्वाभाविक रूप से मुसलमानों ने अपनी सुरक्षा के प्रयास शुरू कर दिए। उन्हें इस बात का डर था कि उर्दू के विरोध में निकाले गए जुलूस उनकी आबादी तथा संपत्ति पर हमले कर सकते हैं। बाद में उनका यह डर सही भी निकला। 22 अगस्त को निकाला गया जुलूस तितर-बितर होकर जब शहर से निकला तो उसने तबाही मचा दी। 22 से लेकर 26 अगस्त के बीच 184 लोग मारे गए, जिनमें 164 मुसलमान थे। इतने बड़े पैमाने पर हिंसा सिर्फ उस पथराव से नहीं हो सकती थी, जिसे कि कथित रूप से मुसलमानों ने जुलूस खत्म होने के बाद तितर-बितर हो रहे उसके हिस्सों पर सेंट्रल स्ट्रीट, हिंदीपिड़ी और कोका रोड पर किया। इसके पहले दस दिनों से राँची की सड़कों पर नारे लग रहे थे कि 'गर उर्दू लादी लड़कों पर तो खून बहेगा सड़कों पर।' मुसलमानों का पथराव एक ऐसे डरे हुए समुदाय की प्रतिक्रिया अधिक थी, जिसे पिछले दस दिनों से अपने ऊपर हमले की आशंका थी। 22 अगस्त को वापस लौटते हुए जुलूस के हुड़दंगियों की एक हमलावर शिनाख्त यदि उन्होंने अपने मन में बनाई और पहले पत्थर फेंक दिया तो यह स्वाभाविक था।

भिवंडी का अब तक का सबसे बड़ा दंगा 7 मई, 1970 को 'शिव (शिवाजी) जयंती' के जुलूस पर मुसलमानों के पथराव करने से हुआ। एक वाक्य का यह वक्तव्य दंगे की शुरुआत का बड़ा सरल कारण प्रस्तुत करता है। थोड़ी भी गहराई से पूरे घटनाक्रम को देखें तो यह स्पष्ट हो जाएगा कि इतनी आसानी से नतीजा निकालना ठीक नहीं है। भिवंडी में वास्तविक दंगों से काफी पहले से ही सांप्रदायिक तनाव की स्थिति बनी हुई थी। यह तनाव सिर्फ इसी साल नहीं, बल्कि पिछले कई वर्षों से शिवजयंती के अवसर पर होता आया था। वस्तुतः सार्वजनिक रूप से बड़े पैमाने पर शिवजयंती मनाए

जाने की परंपरा 1964 से प्रारंभ हुई थी। पहले ही वर्ष से शिवजयंती ने भिवंडी में सांप्रदायिकता का विष घोलना शुरू कर दिया। खुलेआम मुस्लिम विरोधी नारे लगाकर तथा भड़कानेवाली झाकियाँ निकालकर जुलूस के आयोजकों ने कभी भी अपनी नीयत छिपाने की कोशिश नहीं की। मुस्लिम-बहुल बस्तियों से जुलूस निकालने पर ज़ोर, मस्जिदों पर गुलाल फेंकने की जिद या पुलिस के मना करने पर भी 'जो हमसे टकराएगा वो मिट्टी में मिल जाएगा' जैसे नारे लगाकर आयोजकों ने पहले साल से ही दंगा कराने का पूरा प्रयास शुरू कर दिया। अपने उच्चाधिकारियों को भेजी गई रिपोर्ट में थाणे के पुलिस अधीक्षक ने स्पष्ट कहा है, 'मैंने जाँच की कि हिंदुओं का एक वर्ग, विशेष रूप से आर.एस.एस. (के कार्यकर्ता) और पी.एस.पी. के कुछ लोग, अशांति फैलाने पर आमादा थे। जुलूस के साथ चलने के पीछे उनके मन में शिवाजी महान के प्रति सम्मान व्यक्त करने की कम (इस तरह के जुलूस निकालने के लिए), अपना अधिकार मनवाने की भावना अधिक थी और इसके साथ यदि संभव हो तो वे मुसलमानों को उत्तेजित और अपमानित करना चाहते थे...'

1964 के पहले बड़े सार्वजनिक प्रदर्शन के बाद 1965 और 1966 में निकाले गए शिवजयंती जुलूसों के दौरान सांप्रदायिक दंगा होते-होते बचा। पर 11 मई, 1967 को निकाले गए शिवजयंती जुलूस के दौरान भिवंडी के इतिहास में पहला सांप्रदायिक दंगा हो ही गया। पुलिस के रिकार्ड और न्यायमूर्ति डी.पी. मदान जाँच आयोग की रिपोर्ट में दिए गए विवरणों से यह स्पष्ट है कि यह दंगा जुलूस में शरीक लोगों के गैर-जिम्मेदाराना व्यवहार का नतीजा था। पुलिस को अंत तक जुलूस के मार्ग और समय के मामले में अंधकार में रखने, रोकने पर उत्तेजक नारे लगाने और मस्जिदों पर गुलाल फेंकने से यह स्पष्ट था कि कुछ लोग दंगा कराना चाहते थे और वे अपने प्रयत्न में सफल भी हुए। इस प्रयत्न के पीछे कौन-सी शक्तियाँ थीं और किन्हें सफलता का पुरस्कार मिला, यह समझने के लिए न्यायमूर्ति मदान की यह टिप्पणी पर्याप्त होगी—'1967 के म्यूनिसिपल चुनावों में, जहाँ तक हिंदू सभासदों का प्रश्न था, वे सभी लोग जीते, जिन्होंने शिवजयंती उत्सव में सक्रिय भाग लिया।'

1967 के दंगों ने भिवंडी नगर के पूरे जीवन को जिसमें म्यूनिसिपल बोर्ड की राजनीति भी शरीक थी, सांप्रदायिकता के विष से सराबोर कर दिया। 1968 और 1969 के वर्ष तनाव की छोटी-बड़ी घटनाओं से परे रहे।

इन दोनों वर्षों में शिवजयंती जुलूसों के पहले और उनके निकलने के दौरान विवाद उत्पन्न हुए, पर दंगा नहीं हुआ। इस माहौल में यह अस्वाभाविक नहीं था कि 1969-70 के दौरान छोटी-छोटी बातों पर भिवंडी में तनाव उत्पन्न हुआ। छात्रों के कार्यक्रमों, नगरपालिका की गतिविधियों और धार्मिक त्यौहारों के अलग-अलग अवसरों पर बड़ा दंगा होते-होते बचा। इस बीच हिंदू और मुस्लिम दोनों पक्षों के सांप्रदायिक संगठनों ने भिवंडी और आस-पास अपना विस्तार किया और अपने नेताओं के द्वारा नगर में विषवमन कराया।

अविश्वास, तनाव और विद्वेष के ऐसे माहौल में 7 मई, 1970 को शिवजयंती का जुलूस निकला। हिंदू सांप्रदायिक संगठन कई दिनों से आस-पास के कस्बों एवं गाँवों में दूषित प्रचार कर रहे थे। उनके प्रचार के कारण हजारों की संख्या में आस-पास से सशस्त्र हिंदू प्रातःकाल से ही भिवंडी पहुँचने लगे थे। जुलूस में शरीक लोग न केवल मिट्टी के तेल, लाठी, भाले, फ़रसे जैसे हथियारों से लैस थे, बल्कि खुलेआम उनका प्रदर्शन भी कर रहे थे। पिछले वर्षों की तरह मुसलमानों के विरुद्ध अपमानजनक और उत्तेजना पैदा करनेवाले नारे लग रहे थे। मुसलमानों की आबादी या मस्जिदों के सामने पहुँचकर जुलूस अधिक भड़काऊ व्यवहार करने लगता था। मना करने पर भी गुलाल इस तरह उड़ाया जा रहा था कि वह मस्जिदों पर गिरे।

इतनी उत्तेजना और आशंका के बीच यह स्वाभाविक ही था कि मुसलमानों ने भी अपनी सुरक्षा की व्यवस्था की होगी। यद्यपि दंगे की शुरुआत को लेकर हिंदुओं और मुसलमानों ने अलग-अलग किस्से जाँच आयोग के सामने रखे और यह निर्विवाद रूप से तय नहीं हो पाया कि किसने पहला हमला किया, फिर भी यदि हम यह मान लें कि पहला पत्थर किसी मुसलमान ने फेंका तो क्या उससे यह सिद्ध किया जा सकता है कि 7 मई, 1970 को भिवंडी में होनेवाला दंगा मुसलमानों की स्वाभाविक क्रूरता और हिंसक स्वभाव का परिणाम था ? किसी मुसलमान द्वारा फेंका गया पहला पत्थर एक डरे हुए समुदाय की प्रतिक्रिया अधिक लगता है, क्योंकि एक डरा हुआ समुदाय अक्सर ही पहले प्रतिक्रिया करता है।

कुछ मामलों में तो पहला पत्थर फेंकने या पहला हाथ उठाने की प्रक्रिया कुछ इस तरह घटित होती है कि ऐसा लगता है जैसे किसी अदृश्य हाथ की दिलचस्पी इसमें है कि अल्पसंख्यक पहल करें, ताकि उनकी पिटाई की भूमिका बन सके। यह अदृश्य हाथ किसी सांप्रदायिक संगठन का हो सकता है और बहुत-से मौकों पर किसी राजनैतिक दल का भी हो सकता है।

आवश्यक नहीं कि यह सांप्रदायिक संगठन या राजनैतिक दल हिंदू हितों का प्रवक्ता हो। कई बार अल्पसंख्यक समुदाय के संगठनों के हित भी इसमें हो सकते हैं कि दंगे हों और उनमें मुसलमान पिटें, ताकि उन्हें एक समुदाय के रूप में किसी कार्यक्रम में सक्रिय किया जा सके। यदि एक स्थूल उदाहरण की तरह लें तो मुसलमानों को पहल करने के लिए विवश होने या उनके द्वारा पहल करने के पीछे एक और मानसिकता काम करती है। अंतर्राष्ट्रीय समुदाय की राय, भारतीय प्रेस के बड़े अंग के उदार एवं धर्मनिरपेक्ष होने, स्वतंत्र न्यायपालिका, सार्विक मताधिकार के कारण अल्पसंख्यकों को संबोधित करने की राजनैतिक दलों की मजबूरी, आधुनिक एवं वैज्ञानिक शिक्षा तथा बड़े पैमाने पर हिंदुओं और मुसलमानों के एक-दूसरे के संपर्क में आने के सामाजिक-आर्थिक अवसर—ये कुछ ऐसे कारण हैं, जिनके चलते कोई शक्तिशाली समुदाय (भारत के समकालीन संदर्भ में हिंदू) किसी कमजोर समुदाय (उपरोक्त अर्थ में मुस्लिम) पर पहले शारीरिक हमला नहीं कर सकता, क्योंकि ऐसी किसी पहल से उसे प्रतिकूल बाहरी राय का सामना करना पड़ेगा जो अभी तक मानती रही है कि यह समुदाय स्वभावतः अहिंसक और उदार है। बाहरी आलोचनाओं से बचने और अच्छी छवि को अक्षुण्ण रखने के लिए आवश्यक है कि पहला हमला मुसलमान करें और इस तरह वे अपनी होने वाली क्षति के लिए औचित्य तैयार करें। यह बहुत कुछ ऐसा है जैसे कोई ताकतवर आदमी किसी कमजोर को ढकेलते हुए दीवाल तक ले जाए और फिर उसके मुँह पर थूककर उसे पहले हाथ उठाने के लिए मजबूर कर दे, ताकि बाद में उसकी पिटाई की जा सके। इस पिटाई के पहले या बाद में यह शोर भी बखूबी मचाया जा सकता है कि विरोधी ने स्वभावतः हिंसक और दुष्ट होने के कारण पहले हमला किया।

जमशेदपुर (1979) तथा बनारस (1977) के दंगे उन बहुत-से उदाहरणों में से हैं, जिनका अध्ययन यह दिखाता है कि किस तरह से एक सांप्रदायिक स्थिति में मुसलमानों को पहल लेने के लिए मजबूर किया जा सकता है। दोनों स्थानों पर दंगे धार्मिक जुलूसों के मार्गों को लेकर हुए। दोनों स्थानों पर हिंदू सांप्रदायिक तत्त्वों ने जुलूस को ऐसे मार्गों से ले जाने का आग्रह किया जिन पर मुस्लिम आबादी या मस्जिदें थीं। ये मार्ग पहले इस प्रकार के जुलूस के लिए इस्तेमाल नहीं किए गए थे। दोनों में जुलूस विवादित मार्गों से ले जाकर किसी मुस्लिम इलाके में रोक दिए गए और हथियारबंद उत्तेजित भीड़ द्वारा भड़कानेवाली कार्यवाहियाँ तब तक की जाती रहीं, जब तक मुसलमानों की

तरफ से पहला पत्थर नहीं आ गया। पहला पत्थर आते ही बहुसंख्यक समुदाय की हिंसा को वैधता प्राप्त हो गई और मुसलमानों के जन-धन की बड़े पैमाने पर क्षति हुई।

अप्रैल 1979 में जमशेदपुर में भड़का दंगा तत्कालीन सत्तारूढ़ दल जनता पार्टी के आंतरिक कलह की उपज था। बिहार में कर्पूरी ठाकुर की सरकार जनता पार्टी की थी और इसमें पूर्व जनसंघ घटक के लोग भी शामिल थे। जमशेदपुर का स्थानीय विधायक जनसंघ घटक का था और उसकी ख्याति एक सांप्रदायिक व्यक्ति की थी। जमशेदपुर में वर्षों से रामनवमी का जुलूस निकालने की परंपरा थी और इसके लिए मार्ग भी निर्धारित था। 1978 में पहली बार सत्तापक्ष में होने का फायदा उठाते हुए स्थानीय विधायक तथा हिंदू संगठनों ने प्रशासन पर दबाव डालकर निर्धारित मार्ग से अलग मार्ग नं. 14 से जुलूस और साथ में चलनेवाले अखाड़ों को निकालने की अनुमति प्राप्त कर ली। यह मार्ग मुस्लिम आबादी और मस्जिद के सामने से होकर जाता था। स्वाभाविक था कि जुलूस के निकलने पर तनाव होता। यह तनाव इसलिए और अधिक हुआ, क्योंकि जुलूस सशस्त्र था और उत्तेजनात्मक नारे लगा रहा था। किसी तरह प्रशासन ने सकुशल जुलूस निकलवा दिया। 1979 में भी आयोजकों ने मार्ग नं. 14 से जुलूस निकालना चाहा, पर प्रशासन ने इस बार निर्धारित मार्ग के अतिरिक्त किसी अन्य मार्ग से जुलूस निकालने की इजाजत देने से मना कर दिया। जुलूस के मार्ग को लेकर हिंदू संगठनों ने लगातार शहर में विषवमन किया और शहर का माहौल सांप्रदायिक उत्तेजना से भरने की कोशिश की। 7 अप्रैल को रामनवमी केंद्रीय अखाड़ा समिति ने एक पर्चा बाँटा, जिसमें सांप्रदायिक भावनाओं को भड़कानेवाली बातें लिखी गई थीं। इस विवाद की पृष्ठभूमि में एक बात और थी। जमशेदपुर उस समय पूरी तरह से हिंदू और मुस्लिम अपराधी माफियाओं के चंगुल में था। एक ईमानदार और सख्त पुलिस अधीक्षक की वहाँ नियुक्ति हो गई थी जो दोनों की आँखों में गड़ रहा था। ये माफिया तत्त्व भी दंगा कराने में दिलचस्पी रखते थे।

11 अप्रैल, 1979 को जुलूस निकालनेवाले तत्त्वों ने अपने इरादे शुरू से ही स्पष्ट कर दिए। दोपहर दो बजे के बाद जुलूस निकालने की घोषणा करके 11 बजे ही जुलूस निकाल दिए गए। जुलूस में बाहर से हजारों की संख्या में सशस्त्र लोगों को बुलाया गया था। ये लोग मुसलमानों के खिलाफ नारे लगाते हुए निकले। पुलिस के सँभलने के पहले ही जुलूस ने अपना मार्ग

बदल दिया और मार्ग नं. 14 पर बलात् बढ़ चला। जुलूस के साथ अखाड़े भी थे, जिनमें भाग लेनेवाले खुलेआम तलवारें-भाले चमकाते हुए चल रहे थे। इसके बाद वह घटना हुई जिससे दंगे की शुरुआत के मिथ को समझने में सुविधा होगी। जुलूस जब मुस्लिम बस्ती में एक ऐसे स्थान पर पहुँचा, जहाँ शहर की बड़ी और महत्त्वपूर्ण मस्जिद थी, तो उसे रोक दिया गया। वहाँ से आगे बढ़ने की शर्त के रूप में अधिकारियों के सामने ऐसी माँगें रखी गईं जिनका कोई औचित्य नहीं था। विधायक और दूसरे लोगों ने आग उगलने वाले भाषण देने शुरू कर दिए। उत्तेजना के इस माहौल में जुलूस ने जमकर अपने हथियारों का प्रदर्शन किया और भड़कानेवाले नारे लगाए। नेतृत्व द्वारा भीड़ को भड़काने तथा अधिकारियों द्वारा समझा-बुझाकर जुलूस को किसी तरह आगे बढ़ाने के प्रयास कई घंटों तक चलते रहे।

जहाँ जुलूस रुका था, उसके चारों तरफ मुस्लिम आबादी थी। अपने को सशस्त्र, उत्तेजित और बलवे पर आमादा भीड़ से घिरा देखकर मुसलमानों ने भी अपने घरों की छतों पर ईंट-पत्थर से लेकर खौलते तेल और लाठी-भाले तक तरह-तरह के हथियारों से लैस होकर इकट्ठा होना शुरू कर दिया था। मस्जिद में भी काफी मुसलमान मौजूद थे।

इस समय भीड़ के व्यवहार का मनोवैज्ञानिक विश्लेषण किया जाए तो यह स्पष्ट लगता है कि यह ऐसा समूह था जो किसी-न-किसी रूप से अपने विपक्षी को उत्तेजित कर उससे पहले पत्थर की कामना कर रहा था। कुछ घंटों के प्रयास से उसे यह पहला पत्थर मिल भी गया। शाम का अँधेरा घिरने से थोड़ा पहले मस्जिद से पहला पत्थर आया और पूरे शहर में कत्लेआम शुरू हो गया। बहुसंख्यक समुदाय को अपनी हिंसा के लिए वैधता प्राप्त हो गई।

1977 में बनारस में भी कुछ ऐसा ही हुआ। प्रतिवर्ष दुर्गापूजा के अवसर पर बंगाली मोहल्लों से दुर्गा प्रतिमाएँ विसर्जन के लिए गंगातट तक ले जाई जाती हैं। बंगालियों के मोहल्ले शहर की घनी आबादी में मुस्लिम मोहल्लों के पास हैं। दुर्गा प्रतिमाओं के विसर्जन के लिए मार्ग निर्धारित है। दुर्गापूजा के कुछ पहले ऐंग्लो बंगाली कॉलेज और उसके पास बसे जुलाहों की बस्ती में कॉलेज की दीवाल टूटने, जुलाहों द्वारा कॉलेज के मैदान में सूत फैलाने तथा कॉलेज के लड़कों के खेलने को लेकर सांप्रदायिक विवाद उत्पन्न हो चुका था, जिसे लेकर आस-पास तनाव था। गोल्डन स्पोर्टिंग क्लब नामक बंगाली नवयुवकों के एक क्लब ने अपनी प्रतिमाओं के विसर्जन के लिए निर्धारित मार्ग से हटकर एक दूसरे की माँग की, जो मुस्लिमबहुल तंग गलियों

से होकर जाता था। जाहिर था कि यह माँग शरारतपूर्ण थी और खास उद्देश्य से की जा रही थी। प्रशासन ने इसे मानने से इनकार कर दिया। 22 अक्टूबर, 1977 को प्रशासन ने प्रतिभाओं को निर्धारित मार्ग से ले जाकर उन्हें विसर्जित करवा दिया।

शांतिपूर्ण ढंग से प्रतिमा-विसर्जन से उन शक्तियों का उद्देश्य पूरा नहीं हुआ जो निर्धारित मार्ग से हटकर नए मार्ग की माँग कर रही थीं। उन्होंने उसी रात एक दूसरी प्रतिमा पुरानी प्रतिमा के स्थान पर फिर से रख दी। 23 अक्टूबर को प्रातः उन्होंने नई प्रतिमा को उसी रास्ते से निकालने का आग्रह किया, जिस पर उन्हें पहले अनुमति नहीं मिली थी। प्रशासन ने यह जानते हुए भी कि उनका पक्ष पूरी तरह गलत है, उन्हें समझाने-बुझाने का रास्ता अपनाया और उनके साथ वांछित सख्ती नहीं की। जहाँ यह विवाद चल रहा था, वह स्थान बनारस की सबसे घनी और मिश्रित आबादीवाला इलाका था। घंटों चले इस विवाद का नतीजा यह हुआ कि वहाँ हजारों की संख्या में लोग इकट्ठे होते गए और पूरे शहर में अफवाहें फैलती गईं। इस पूरे घटनाक्रम का नतीजा वही निकला जो इस तरह के मौके पर निकल सकता था। हिंदू नेतृत्व पूरे शहर के हिंदुओं से यह बात छिपाकर कि वास्तविक प्रतिमा पहले ही विसर्जित की जा चुकी है, उन्हें यह समझाने में सफल हो गया कि मुसलमानों की हठधर्मी के कारण उनकी दुर्गा-प्रतिमा का विसर्जन नहीं हो पा रहा है। मुसलमानों के मन में डर था कि अगर हिंदू उनके इलाके से जुलूस की शक्ल में दुर्गा-प्रतिमा विसर्जन के लिए ले जाएँगे तो वे उन पर हमला कर सकते हैं। कई घंटों तक सड़क पर चले बहस-मुबाहिसों और उत्तेजना के फलस्वरूप तनाव एक ऐसे बिंदु पर पहुँच गया, जहाँ सिर्फ एक पत्थर पड़े पैमाने पर दंगा शुरू कराने में समर्थ था। यह पत्थर किसी मुस्लिम घर की छत से आ भी गया और दंगा शुरू हो गया।

ऊपर दिए गए उदाहरण यह समझने में हमारी मदद करेंगे कि दंगे की शुरुआत सिर्फ वह बिंदु नहीं होता, जहाँ हिंसा शुरू होती है। इस बिंदु के काफी पहले से तनाव की शुरुआत हो जाती है और यह तनाव पिरामिड की शक्ल में धीरे-धीरे ऊपर बढ़ता जाता है। पिरामिड का शीर्ष एक ऐसे बिंदु से बनता है, जिसे हम प्रस्थान बिंदु कह सकते हैं। इस बिंदु पर कोई भी कार्यवाही, जिसमें दो विभिन्न धर्मावलंबी शामिल हों और जिसके मूल में संघर्ष छिपा हो, बड़े पैमाने पर सांप्रदायिक हिंसा करा सकती है। अगर तनाव का यह पिरामिड उपस्थित न हो तो कई बार बहुत गंभीर सांप्रदायिक घटना

होने पर भी दंगा नहीं हो पाता। इसलिए दंगों की शुरुआत के उत्तरदायित्व का निर्धारण करते समय उसकी पृष्ठभूमि का अवलोकन भी करना चाहिए और यह भी देखना चाहिए कि तनाव के पिरामिड के निर्माण में किस पक्ष का कितना योगदान है।

दंगों की शुरुआत की धारणा को जाँचते समय हमें एक बात और ध्यान में रखनी चाहिए। जो समुदाय दंगा शुरू करेगा, उसके पहले वह कुछ तैयारी भी करेगा। इस तैयारी के अंगस्वरूप हथियारों को इकट्ठा करना सबसे महत्त्वपूर्ण होगा। अहिंसक होने के कारण हिंदू धार्मिक जुलूस के पास हथियार नहीं होंगे या होंगे भी तो तैयारी कर चुके समुदाय से हल्के, इसलिए हिंदू प्रारंभ में मुकाबले की स्थिति में नहीं होगा। यह एक स्वाभाविक बात है कि जो पहले हमला करेगा, वह कुछ समय तक तो लाभ की स्थिति में रहेगा। अखबारों (विशेषकर आंचलिक) और पुलिस दस्तावेज़ों में दर्ज विभिन्न दंगों की रिपोर्टिंग पढ़ते समय अधिकतर दंगों का कारण किसी धार्मिक हिंदू जुलूस पर मुसलमानों का हमला लगता है। इस कारण को यदि हम स्वीकार कर लें तो फिर तर्कसंगत यह होगा कि इन हमलों में प्रारंभ में हिंदुओं को अधिक क्षति उठानी चाहिए। बाद में मुसलमानों की अधिक क्षति के बारे में हिंदू मानस के पास अपने कारण हैं। इसके अनुसार मुसलमान शुरुआत तो कर देते हैं, पर बाद में पुलिस, सशस्त्र पुलिस (पी.ए.सी., बी.एम.पी., एस.आर. पी. इत्यादि) तथा फौज के आने के बाद स्थिति बदल जाती है। मुसलमानों का नुकसान मुख्य रूप से इन बलों द्वारा हिंदुओं को बचाने की कार्यवाही के परिणामस्वरूप होता है।

लेकिन दो तथ्य इस सोच को गलत सिद्ध कर देते हैं। आजादी के बाद हुए ज्यादातर बड़े दंगों में शुरुआत से ही मुसलमानों का नुकसान ज्यादा हुआ है। एक हिंसक्र, पहले से ही तैयार और शुरुआत करने पर आमादा, समुदाय को हिंसा के प्रारंभिक दौर में जो लाभ मिलने चाहिए, वे इन दंगों में कहीं नहीं दिखाई देते। यह भी ध्यान देने की बात है कि पुलिस हमारे देश में प्रशिक्षण, संसाधनों का संख्या के मामलों में कभी इतनी बेहतर स्थिति में नहीं होती कि किसी बड़े दंगे में अविलंब प्रभावी हस्तक्षेप कर सके। पी.ए.सी., बी.एम.पी. या एस.आर.पी. जैसे सशस्त्र पुलिस बल अथवा सेना, बी.एस. एफ. या सी.आर.पी. जैसे केंद्रीय बल बहुत बाद में और कई बार दो-तीन दिन बाद ही दंगे को नियंत्रित करने पहुँच पाते हैं। अतः शुरुआती दौर में मुख्य रूप से हिंदू और मुस्लिम बलवाइयों के लिए यह अपनी ताकत का

प्रदर्शन करने का खुला मौका होता है, जिसमें स्थानीय नागरिक पुलिस भौंचक्क और असहाय दर्शक की स्थिति से उबरकर प्रभावी हस्तक्षेप की तैयारी करती दिखाई देती है। पुलिस या सुरक्षा बलों के बल-प्रयोग के संदर्भ में यह भी ध्यान रखना चाहिए कि उनके पास प्रतिबंधित बोर के हथियार होते हैं। दंगों में मरनेवाले लोगों की मृत्यु मुख्यतया चाकू, छुरे या बारह बोर की बंदूक के फायर अथवा आगजनी और ईंट-पत्थरों के प्रहार से होती है। इसलिए यह तर्क कि मुसलमानों की मुख्य क्षति सुरक्षा बलों द्वारा बल प्रयोग के कारण होती है, उचित नहीं है। सुरक्षा बलों की गोलियों से मरनेवालों की संख्या तो बहुत ही कम होती है। उनका हस्तक्षेप तो एक दूसरे रूप में हिंदू बलवाइयों की मदद करता है। यह है दंगों के दौरान हिंदू बलवाइयों के प्रति उनका नरमी भरा रवैया। इसके बारे में इस पुस्तक के चौथे अध्याय में विस्तार से विचार किया गया है।

चार

अनियंत्रित भीड़ सांप्रदायिक दंगों में सबसे महत्त्वपूर्ण कारक है। उत्तेजना के जिस पिरामिड का जिक्र ऊपर किया गया है, उसका प्रस्थान बिंदु यानी वह बिंदु जहाँ से हिंसा शुरू होती है, आमतौर से तब तक नहीं बन सकता जब तक एक पगलाई हुई भीड़ उस बिंदु पर मौजूद न हो। भीड़ के चरित्र की कुछ मूलभूत विशेषताएँ होती हैं। बिना इन चारित्रिक विशेषताओं को समझे भीड़ के व्यवहार और दंगे में उसके योगदान को समझना मुश्किल होगा। भीड़ (Crowd) और अनियंत्रित भीड़ (Mob) के बीच का अंतर उनके अंदर विद्यमान गुस्से की मात्रा से आँका जा सकता है। जहाँ भीड़ के बीच गुस्सा कई मौकों पर पूरी तरह अनुपस्थित हो सकता है, वहीं अनियंत्रित भीड़ बिना गुस्से के विस्फोटक बिंदु पर नहीं पहुँच सकती। इस अध्ययन में जहाँ-जहाँ 'भीड़' शब्द का उल्लेख हुआ है, उसका तात्पर्य 'अनियंत्रित भीड़' (Mob) से है। सांप्रदायिक दंगों के संदर्भ में भीड़ बहुत सारे व्यक्तियों के अराजक समूह को कह सकते हैं। यह आवश्यक नहीं है कि उसमें सम्मिलित सभी लोगों के समक्ष वहाँ होने के समान कारण हों। उदाहरण के लिए प्रकटतः धार्मिक उन्माद से ग्रस्त दिख रही भीड़ में बहुत से लोग इतर कारणों से उपस्थित हो सकते हैं। भीड़ के एक अंग के समक्ष अपने धर्म के अपमान का बदला लेने या विधर्मियों को सबक सिखाने जैसा कोई कारण हो सकता है, भीड़ में सम्मिलित एक अन्य समूह का ध्यान भीड़ द्वारा की गई हिंसा

का अगले चुनाव पर पड़ने वाले प्रभावों पर हो सकता है। इन कारणों के अतिरिक्त बहुत से अन्य कारणों से भीड़ बनानेवाले तत्त्व वहाँ हो सकते हैं। भीड़ की निर्मिति में सबसे दिलचस्प पहलू यह है कि भीड़ का एक बहुत बड़ा हिस्सा वहाँ अकारण भी हो सकता है। यह स्थिति बाजारों, सरकारी दफ्तरों, कचहरियों या शिक्षण-संस्थाओं के आस-पास दिखाई देती है। इन स्थानों पर दिन के एक निश्चित समय में हमेशा ही काफी संख्या में लोग उपस्थित रहते हैं और कोई भी प्रभावी नाभिक (Nucleus) उन्हें अपने इर्द-गिर्द खींच सकता है। भारतीय संदर्भ में इसके दो महत्त्वपूर्ण उदाहरण हैं। रामजन्म भूमि आंदोलन में हिंदुत्ववादी शक्तियों ने अयोध्या में अपने बड़े कार्यक्रमों के दौरान हमेशा उन दिनों को चुना, जब वहाँ किसी महत्त्वपूर्ण हिंदू त्यौहार के कारण बड़ी संख्या में लोगों का जमावड़ा हो। स्पष्ट था कि इसके पीछे मकसद सिर्फ यह था कि उन्हें लोगों को लामबंद करने में अपनी ऊर्जा न खर्च करनी पड़े। दूसरा उदाहरण मुस्लिम रिहायशी इलाकों का है, जहाँ चौबीसों घंटे लोग सड़कों पर दिखाई देते हैं। इन इलाकों में भी बिना किसी प्रयास के भीड़ इकट्ठा की जा सकती है। बहुसंख्यक समुदाय मुसलमानों द्वारा दंगा शुरू करने की धारणा के पक्ष में यह तर्क भी देता है कि दंगे वहीं होते हैं, जहाँ मुसलमानों की घनी आबादी होती है। यह सोच किसी सरलीकरण का परिणाम नहीं है। इसमें निश्चय ही सचाई है। घनी मुस्लिम आबादी में रात-दिन सड़कों पर भीड़ होने के कुछ आर्थिक और सामाजिक कारण हैं, जिनके बारे में हम आगे विचार करेंगे।

नेतृत्व की भूमिका अक्सर भीड़ एकत्रित कर उसे उत्तेजना के चरम बिंदु तक पहुँचाने के बाद समाप्त हो जाती है। बहुत कम अवसरों पर हम पाएँगे कि हिंसा के दौरान भीड़ में नेतृत्व श्रृंखला बरकरार रह पाई हो। नेतृत्व के हाशिये पर जाने की प्रक्रिया उसकी अपनी करतूतों का परिणाम होती है। एक बार बड़ी संख्या में लोगों को इकट्ठा करने के बाद नेतृत्व में लोकप्रियता की होड़ शुरू हो जाती है। एकत्रित समूह तालियों और नारों जैसी मौखिक अभिव्यंजनाओं के माध्यम से नेतृत्व के प्रति अपनी स्वीकृति व्यक्त करता है। यह स्वीकृति पाने के लिए नेतृत्व की वक्तृत्व परीक्षा होती है। वक्तृता जितनी उत्तेजनात्मक होती है, भीड़ से उसे उतनी ही अनुक्रिया प्राप्त होती है। वक्तृता और अनुक्रिया के बीच अक्सर खास किस्म की प्रतिस्पर्द्धा शुरू हो जाती है। इसमें नेतृत्व के आपसी अंतर्विरोध भी उभरकर सामने आ जाते हैं। नेतृत्व कर रहे लोग विभिन्न तबके के श्रोताओं से बेहतर अनुक्रिया प्राप्त करने के

लिए ज्यादा उत्तेजक भाषण देने की होड़ में फँसते जाते हैं। इस प्रकार एक दुश्चक्र का निर्माण होता है। यह दुश्चक्र उत्तेजक भाषण—भीड़ की अनुक्रिया और उत्तेजक भाषण—और बेहतर अनुक्रिया से होते हुए भीड़ को हिस्टीरिया या उन्माद के स्तर तक ले जाता है। इस स्तर पर पहुँचने की प्रक्रिया में धीरे-धीरे नेतृत्व की भूमिका कम होती जाती है। उन्मादग्रस्त भीड़ या तो पूरी तरह नेतृत्वविहीन हो जाती है या फिर उसमें शामिल लंपट तत्त्व उसका नेतृत्व सँभाल लेते हैं। बहुत सारे मौकों पर हम पाएँगे कि भीड़ द्वारा हिंसा शुरू करते ही या पुलिस से उसकी मुठभेड़ होते ही स्थापित राजनैतिक नेता वहाँ से चंपत हो जाते हैं।

उन्मादित भीड़ आमतौर से बहुत अधिक उत्तेजित होती है और अपनी भावनाओं को व्यक्त करने के लिए शोर, मुट्ठियाँ लहराने तथा अनियंत्रित ढंग से उछल-कूद करने जैसे माध्यमों का सहारा लेती है। भीड़ को संबोधित करनेवाले वक्ताओं की आवाज अक्सर भीड़ की आवाज में खो जाती है और उसमें उपस्थित हर सदस्य खोई हुई ध्वनियों का अपने-अपने तरीके से पुनरोद्घोष करता है। घटनाओं को समझने के लिए तर्क के स्थान पर सुझाव अधिक कारगर होते जाते हैं। अफवाहें आमतौर से निश्चित सूचनाओं का विकल्प हो जाती हैं। भीड़ के ज्यादा सक्रिय सदस्य कम सक्रिय सदस्यों को अपने सुझावों तथा मौखिक-शारीरिक संकेतों से अपना अनुसरण करने के लिए विवश कर देते हैं।

भीड़ के स्वरूप का एक अन्य अनिवार्य अंग होता है क्रूरता। भीड़ के सदस्य अपने निजी जीवन में उस हद तक हिंसक व्यवहार की कल्पना नहीं कर सकते, जिस हद तक भीड़ में शामिल होकर वे कर बैठते हैं। परंपरागत रूप से अहिंसक या अपेक्षाकृत कम हिंसक समुदाय भी भीड़ में परिवर्तित होने पर चमत्कृत करने की हद तक हिंसक होते देखे गए हैं। भारतीय संदर्भ में महिलाओं, बौद्धों या जैनों द्वारा सामूहिक हिंसा में शरीक होने के उदाहरण इसी श्रेणी में आएँगे। जैसे-जैसे हमारे समाज में हिंसा बढ़ती जा रही है, वैसे-वैसे सामूहिक गतिविधियों के दौरान भीड़ की हिंसा भी बढ़ती जा रही है। समकालीन भारतीय समाज में भीड़ के अमानवीयकरण का सबसे जघन्य उदाहरण श्रीमती इन्दिरा गांधी की हत्या 31 अक्टूबर, 1984 के बाद देखने को मिला। अगले चार-पांच दिनों में चार हजार से अधिक सिक्खों की हत्या कर दी गई। ये हत्याएँ हर जगह उन्मादग्रस्त भीड़ ने की थीं। भीड़ ने सिक्खों को नृशंसतम तरीकों से मारा। सार्वजनिक स्थानों पर उन्हें जिंदा जलाया गया

और जलते हुए लोगों के चारों तरफ भीड़ तालियाँ बजा-बजा कर नाचती रही। भीड़ में सम्मिलित अधिकांश लोग अकेले होने की दशा में ऐसे किसी दुष्कृत्य में शामिल होना तो दूर, उसे देखना भी पसंद नहीं करते।

प्रख्यात समाजवादी विचारक डॉ. राममनोहर लोहिया ने भीड़ का अंग बन चुके औसत भारतीय के व्यवहार को समझने के लिए 'क्रूर कायरता' शब्द का प्रयोग किया है। एक औसत भारतीय भीड़ में शरीक होते ही कायर हद दर्जे तक क्रूर हो जाता है। इसके उदाहरण हमें रोज अपने सामाजिक जीवन में मिलते हैं। बस स्टाप पर एक जेबकतरे को पकड़कर भीड़ द्वारा पीट-पीट कर जान से मार डालना या ग्रामीण अंचल में किसी महिला को डायन घोषित कर गाँववालों द्वारा जिंदा जला देना ऐसे ही कुछ उदाहरण हैं। एक अकेला गुंडा पूरे मोहल्ले के सामने किसी कमजोर के साथ ज्यादती करता है और मोहल्ले के लोग खिड़की-दरवाजे बंद कर घरों में दुबके पड़े रहते हैं, लेकिन यही लोग अगर एक मरियल चोर पकड़ लिया जाता है तो उसकी पिटाई करने में शेर बन जाते हैं। हर आदमी उसकी पिटाई में भाग लेना चाहता है। औसत भारतीय के चरित्र में छिपी यही 'क्रूर कायरता' भीड़ में शामिल होते ही जघन्य क्रूरता में तब्दील हो जाती है।

घनी आबादीवाले रिहायशी मुस्लिम इलाकों में चौबीसों घंटे सड़कों तथा सार्वजनिक स्थानों पर लोगों का जमावड़ा देखा जा सकता है। बिना किसी उद्‌देश्य के मटरगश्ती करते हुए लोग हिंसा के लिए आसानी से प्रेरित की जा सकनेवाली भीड़ के सहज सुलभ अंग हो जाते हैं। यही कारण है कि घनी आबादीवाली मुस्लिम बस्ती में ऐसी ही हिंदू बस्ती के मुकाबले अधिक तेजी से हिंसा भड़काई जा सकती है। हिंदुत्ववादी शक्तियाँ मुस्लिम इलाकों में लोगों के रात-दिन सड़क पर मौजूद रहने का कारण अराजकता और हिंसा में उस समुदाय की गहरी आस्था जैसे कारणों में तलाशती है। लेकिन इसके पीछे उनके सामाजिक और आर्थिक कारण हैं। बिना इन कारणों को समझे मुस्लिम भीड़ के व्यवहार को समझना मुश्किल होगा।

भारतीय समाज में रिहायशी बस्तियाँ ऐतिहासिक कारणों से धर्म तथा जातियों के आधार पर विकसित हुई हैं। खान-पान, रीति-रिवाज तथा सामाजिक सुरक्षा जैसे कारणों से ग्रामीण और शहरी दोनों क्षेत्रों में विभिन्न समुदायों के आवासीय क्षेत्रों के बीच विभाजन रेखा बड़ी साफ दिखाई पड़ती है। जहाँ मुसलमान नहीं थे, उन गाँवों या नगरों में हिंदू आबादी जातियों के आधार पर इलाके बाँटकर रहती थी। एक बड़ी मुस्लिम आबादी में व्यावसायिक

पेशों और सामाजिक-आर्थिक हैसियत के मुताबिक लोग अलग-अलग टोले बना कर रहते थे। स्वतंत्रता के बाद भी कमोबेश यही स्थिति बनी रही।

विभाजन के समय मुस्लिम मध्यवर्ग का अधिकांश हिस्सा बेहतर भविष्य की आशा में पाकिस्तान चला गया। इनमें वकील, डॉक्टर, शिक्षक, व्यापारी, उद्योगपति जैसे पेशेवर लोग थे। इन पेशेवर तबकों के पलायन ने रिहायशी इलाकों की संरचना पर खास तरह का असर डाला। एक बड़ा मध्यवर्ग किसी समुदाय के जीवन को कई स्तरों पर प्रभावित करता है। इनमें मकानों की वास्तुकला (आर्किटेक्चर), रिहायशी इलाकों में नालियों (ड्रेनेज), मल-निकासी (सीवरेज़) तथा पार्क जैसी सुविधाओं के बारे में समुदाय की प्राथमिकता और सोच भी शामिल है। मध्यवर्ग के अभाव ने मुस्लिम इलाकों को अमूमन किसी शहर की सबसे गंदी और दुर्गंध से बजबजाती बस्तियों में तब्दील कर दिया है। गरीबी, जहालत और अनियंत्रित आबादी के दबाव से अभिशप्त ये बस्तियाँ एक अजीब तरह का तिलिस्म निर्मित करती हैं। असुरक्षा और सांप्रदायिक विद्वेष के कारण इनमें रहनेवाले मुसलमान कहीं अलग, खुली हुई मिश्रित बस्तियों में मकान या जमीन आमतौर से न तो पा सकते हैं और न पाने की सोच सकते हैं, इसलिए सालों-साल और पीढ़ी-दर-पीढ़ी उनकी बढ़ती आबादी इन्हीं मकानों में बँटवारों तथा अतिरिक्त सुविधाओं का निर्माण कर गुजर-बसर करने के लिए मजबूर हैं। 1971 में भारत-पाक युद्ध और बांग्लादेश के निर्माण तक मुस्लिम मध्यवर्ग की मानसिकता में पाकिस्तान एक दिलचस्प हैसियत रखता था। अलीगढ़ विश्वविद्यालय से संबंधित एक अध्ययन के अनुसार 1971 तक वहाँ से निकलनेवाले अधिकांश छात्र पाकिस्तान में नौकरी पाने के सपने देखते थे। 1971 के बाद इस स्थिति में एक गुणात्मक परिवर्तन आया है। यह कोई संयोग नहीं है कि सरकारी नौकरियों, व्यापार तथा उद्योगों में 1971 के बाद मुसलमानों का प्रतिशत तेजी से बढ़ा।

मुस्लिम इलाकों में दिन-रात सड़क पर लोगों का जमावड़ा और जरा-सी उत्सुकता या उत्तेजना होते ही एक अनियंत्रित भीड़ के एकत्रित होने के पीछे जो बहुत-से आर्थिक-सामाजिक कारण उपस्थित हैं, उनमें से एक मुस्लिम रिहायशी इलाकों में पर्याप्त मानवीय सुविधाओंवाली आवासीय इकाइयों का अभाव भी है। इस अध्ययन के दौरान मैंने दो बड़े मुस्लिम क्षेत्रों का चयन किया और उन इलाकों में मुस्लिम आबादी के मनोविज्ञान को समझने का प्रयास किया। ये दो इलाके थे—इलाहाबाद में नक्खास कोना और बनारस में मदनपुरा। इनका चयन करने के पीछे कुछ समान कारण थे। दोनों इलाके

घनी मुस्लिम आबादीवाले क्षेत्र हैं, दोनों को केंद्र बनाकर यदि तीन-चार किलोमीटर की परिधि का क्षेत्र लिया जाए तो दोनों में ऐसे सामाजिक, आर्थिक तथा राजनैतिक कारक मिलेंगे जो सांप्रदायिक दंगों को भड़काने में उत्प्रेरक का काम करते हैं और इनके अतिरिक्त दोनों क्षेत्र उत्तर प्रदेश के दो संवेदनशील जिलों—इलाहाबाद तथा बनारस—में सांप्रदायिक तनाव के दौरान मुस्लिम प्रतिक्रिया के केंद्रबिंदु होते हैं।

नक्खास कोना या कोहना इलाहाबाद की पुरानी आबादीवाले इलाकों में मुस्लिम उपस्थिति का केंद्र है। इसके इर्द-गिर्द शाहगंज, अटाला, चकिया, मुट्ठीगंज, रानीमंडी, मिर्ज़ा गालिब रोड या नूरूल्ला रोड जैसे इलाके हैं, जहाँ घनी मुस्लिम बस्तियाँ हैं। इन इलाकों में बीड़ी बनानेवाले कई लाख कारीगर रहते हैं। इलाहाबाद शहर में टी.बी. का प्रतिशत भी सबसे अधिक यहीं है। ज्यादातर घरों में पाखाने और पीने का पानी जैसी बुनियादी सुविधाएँ या तो हैं ही नहीं या अपर्याप्त हैं। आमतौर से परिवार बड़े हैं और उनके लिए हर बच्चा अतिरिक्त आय का स्रोत होता है। इसलिए बच्चों की शिक्षा सबसे उपेक्षित क्षेत्र है। बच्चों को स्कूल भेजने का मतलब उनके बीड़ी बनाने से होनेवाली आय से परिवार का वंचित होना ही नहीं, अपनी सीमित आय में से कुछ अंश शिक्षा पर खर्च कर देना भी है। स्वाभाविक है कि ज्यादातर परिवार बच्चों को थोड़ा बड़ा होते ही बीड़ी बनाने के काम में लगा देना अधिक पसंद करते हैं। इन इलाकों के अधिसंख्य घरों में पर्याप्त स्थान न होने के कारण वही हैं, जिनका ऊपर उल्लेख किया जा चुका है। इन बस्तियों में रहने वालों के समक्ष दूसरी बस्तियों में जाकर नए मकान बनाने के अवसर बहुत कम हैं। यद्यपि करैली स्कीम जैसी कुछ बड़ी आवासीय योजनाएँ इन बस्तियों के आस-पास विकसित हुई हैं, जहाँ मुसलमानों को साफ-सुथरे तरीके से नए घर बनाने की सुविधा प्राप्त हुई है, लेकिन ये नए विकसित स्थल बढ़ती मुस्लिम आबादी का बोझ सँभालने में समर्थ नहीं हैं। इसलिए स्वाभाविक है कि बढ़ती आबादी इन इलाकों में ही अपने आवास की व्यवस्था करने का प्रयास करती है। परिणामतः किसी भी परिवार में प्रत्येक बढ़ोत्तरी या विभाजन के साथ उसकी सुविधाओं में कटौती होती जाती है। इन सुविधाओं में प्रति व्यक्ति उपलब्ध सोने के स्थान, शौचालय और पीने के पानी जैसी बेहद बुनियादी चीजें शामिल हैं। अपने सर्वेक्षण के दौरान मुझे एक भयानक सत्य से साक्षात्कार करना पड़ा। निम्न और निम्न मध्यमवर्ग के ज्यादातर घरों में इतनी जगह नहीं थी, जहाँ तमाम सदस्य एक साथ सो सकें। खासतौर

से सेक्स जैसी नितांत वैयक्तिक गतिविधि के बारे में किसी गोपनीय और सम्मानजनक स्थिति की तो कल्पना ही नहीं की जा सकती। ज्यादातर घरों में लोग पाली बाँधकर सोते हैं, अर्थात हर समय घर के कुछ न कुछ सदस्य बाहर रहते हैं और कुछ सोते हैं। यही कारण है कि इन मोहल्लों में हर समय सड़कों पर भीड़ लगी रहती है।

बनारस शहर में मदनपुरा की भी स्थिति कमोबेश ऐसी ही है। उसके आसपास भी घनी मुस्लिम आबादीवाले इलाके हैं। गोदौलिया चौराहे से लंका जानेवाली सड़क के दोनों तरफ शहर के सबसे घनी आबादीवाले इलाके हैं। इनमें हिंदू और मुस्लिम दोनों इलाके हैं। फर्क सिर्फ इतना है कि दोनों तरह की आबादी अपने-अपने इलाकों में सिमटी हुई है। यहाँ की मुस्लिम आबादी रोजगार के लिए साड़ी बनाने वाले करघों पर आश्रित है। यहाँ भी हर बच्चा परिवार के लिए अतिरिक्त आय का स्रोत है और बच्चे को स्कूल भेजने का अर्थ इस आय से वंचित होना और अपनी सीमित आय में से कुछ खर्च करना है। इसलिए आमतौर से शिक्षा के प्रति अधिक उत्साह नहीं है। मकानों के प्रति व्यक्ति उपलब्ध स्थान तथा इन इलाकों को छोड़कर नए इलाकों में मकान बनाने के विकल्प भी यहाँ उतने ही कम हैं, जितने हम नक्खास कोना के संबंध में देखते हैं। परिणामतः नक्खास कोने की ही तरह मदनपुरा के आस-पास भी सड़क पर हर समय छोटे-छोटे समूहों में लोगों की भीड़ देखी जा सकती है।

नक्खास कोना और मदनपुरा में हर समय मौजूद रहनेवाली भीड़, सांप्रदायिक दंगों के हमारे अध्ययन में समाजशास्त्रीय विवेचन के दृष्टिकोण से बहुत महत्त्वपूर्ण है। यह भीड़ कई तरह की सामाजिक गतिविधियों में समुदाय की सक्रियता को अभिव्यक्त करती है। मसलन, इलाहाबाद में सर्वेक्षण के दौरान एक दिलचस्प तथ्य मेरी जानकारी में आया कि कैरमबोर्ड और रात्रि क्रिकेट में मुसलमान लड़कों की भागीदारी तथा श्रेष्ठता हिंदू लड़कों के मुकाबले बहुत अधिक हैं। इसके पीछे का कारण बड़ा साधारण है। मुस्लिम इलाकों में दिन-रात दूकानों के सामने खुले चबूतरों पर कैरमबोर्ड के खेल चलते रहते हैं। हर कैरमबोर्ड के पास चार खिलाड़ियों के अतिरिक्त काफी बड़ी संख्या में दर्शक घेरा बनाकर बैठे या खड़े रहते हैं। यह दृश्य दिन-रात कभी भी देखा जा सकता है, केवल खिलाड़ी या दर्शक बदलते रहते हैं। इलाहाबाद शहर में साल-भर कैरमबोर्ड के टूर्नामेंट होते रहते हैं और इसमें कोई आश्चर्य नहीं कि अधिकतर प्रतियोगिताएँ मुस्लिम लड़के जीतते हैं। यही

हाल रात्रि क्रिकेट का भी है। मुस्लिम मोहल्लों में साल-भर कहीं-न-कहीं रात्रि क्रिकेट चलता हुआ देखा जा सकता है।

मुस्लिम इलाकों की यह भीड़ सांप्रदायिक तनाव के दौरान धर्मार्थ संगठनों अथवा दंगों का चुनावी या उस-जैसा उपयोग करने की इच्छुक शक्तियों के लिए खाद का काम करती है। यह भीड़ मुख्य रूप से अशिक्षित या अल्पशिक्षित मुसलमानों की होती है, जिन्हें आसानी से भावनात्मक स्तर पर उत्तेजित किया जा सकता है। इसके सदस्यों में अधिकांश बेरोजगार होते हैं या उनके पास सिर्फ आंशिक रोजगार होता है। रोजगार प्राप्त लोग भी बीड़ी बनाने, करघा चलाने या इसी तरह के किसी ऐसे रोजगार में लिप्त होते हैं, जहाँ पेशेगत सुरक्षा का अभाव होता है और लंबे समय तक कठोर श्रम करने के बाद भी बहुत कम मजदूरी मिलती है। इसलिए उस भीड़ के मन में समाज के प्रति गुस्सा भरा होता है। सफाई, मनोरंजन या हरियाली जैसी बुनियादी सुविधाओं के अभाव में, शिक्षा तथा रोजगार की सुरक्षा से वंचित इस भीड़ के सदस्य स्वाभाविक रूप से अराजकता, चिड़चिड़ेपन और गुस्से जैसे स्नायविक दौर्बल्य के साथ-साथ राज्य के प्रति अनास्था से भरे होते हैं और उत्तेजना के किसी भी कारण के उपस्थित हो ही उनकी प्रतिक्रिया हमलावर की होती है।

इस स्थिति से भारतीय समाज तभी छुटकारा पा सकता है जब मुसलमान झोंपड़-पट्टियों (घेट्टो) से बाहर निकलें और मिश्रित आबादीवाली बस्तियाँ बसाई जाएँ। इस तरह की प्रक्रिया 1971 के बाद शुरू भी हुई, लेकिन अव्वल तो इस तरह की मिश्रित आबादीवाले क्षेत्रों की संख्या नगण्य की हद तक बहुत धीमी और कम है, दूसरे निरन्तर होनेवाले सांप्रदायिक दंगों ने अधिकांश शहरों में इस प्रक्रिया को उलटकर रख दिया है। कई स्थानों पर एक बार बड़ी संख्या में मिश्रित आबादी में बस जाने के बाद असुरक्षा के कारण मुसलमान वापस अपने घेट्टों में चले गए हैं। सांप्रदायिक दंगों के कारण आबादी की अदला-बदली जैसे मामले पर हम इसी अध्याय में आगे विचार करेंगे।

ऊपर हमने भीड़ और सांप्रदायिक दंगों के रिश्तों को समझने का प्रयास किया है। यहाँ सिर्फ एक बात और जोड़ी जा सकती है कि एक बार हिंसा पर उतारू हो जाने के बाद भीड़ पूरी तरह से तर्क और विवेक के परे हो जाती है। उसका व्यवहार उन्मादग्रस्त हिस्टीरिया के रोगी की तरह हो जाता है। भीड़ के सदस्य क्रमशः अपनी निजता खोकर एक समूह के अंग हो जाते

हैं। गंध, स्पर्श, श्रवण और दृष्टि जैसी इंद्रियाँ भीड़ का अंग हो जाने के बाद व्यक्ति को अपनी वैयक्तिकता तजकर एक बड़े समूह की पहचान में विलीन हो जाने के लिए विवश कर देती हैं।

भारतीय संदर्भ में हिंदू और मुस्लिम भीड़ का आचरण तथा उसे लेकर पुलिस की प्रतिक्रिया अलग-अलग होती है। छात्रों, मजदूरों तथा व्यापारियों जैसे संगठित समूह अराजक भीड़ में तब्दील होकर पुलिस पर हमले कर सकते हैं तथा पुलिस भी उन्हें दबाने के लिए अधिकतम शक्ति का प्रयोग कर सकती है। पर दोनों के इस व्यवहार में उस समय एक खास अंतर दिखाई देता है, जब भीड़ मुख्यतया मुस्लिम छात्रों, मजदूरों या व्यापारियों की हो। दोनों के व्यवहार में स्पष्ट झलकता शत्रुतापूर्ण अविश्वास दिखाई पड़ता है। इस अविश्वास के कारणों पर हम आगे विचार करेंगे। इस भावना का प्रभाव दोनों की प्रतिक्रिया में दिखाई पड़ता है। जहाँ मुस्लिम भीड़ पुलिस की हर कार्यवाही को नकारात्मक रूप में लेती है, वहीं पुलिस की प्रतिक्रिया भी आमतौर से अतिरेकपूर्ण है। मुरादाबाद (1980) में ईदगाह में उपस्थित मुस्लिम भीड़ का व्यवहार और उसकी प्रतिक्रिया में पुलिस द्वारा किया गया बल-प्रयोग इस प्रवृत्ति का ही एक उदाहरण है। वहाँ ईद की नमाज के लिए इकट्ठा समूह द्वारा ईदगाह में सूअर के घुस आने के लिए पुलिस को उत्तरदायी पाने और कुछ नमाजियों और पुलिसकर्मियों के बीच इस पर हुई बहस पर दोनों पक्षों की अतिरेक भरी प्रतिक्रिया ने ऐसी स्थिति पैदा कर दी कि पुलिस की गोली-वर्षा में सैकड़ों लोग मारे गए। यदि वहाँ हिंदुओं का धार्मिक समूह होता तो संभवतः दोनों पक्षों की प्रतिक्रिया ऐसी न होती।

पाँच

सांप्रदायिक दंगों ने मुसलमानों के घेट्टों में रहने की प्रवृत्ति को और अधिक मजबूत बनाया है। स्वतंत्रता-प्राप्ति के बाद 1960-61 तक दंगों के कम होने तथा धीरे-धीरे एक ऐसे मुस्लिम मध्यवर्ग के उदय से, जिसमें सरकारी कर्मचारी, व्यापारी, उद्योगपति, डॉक्टर, वकील जैसे पेशों के लोग शरीक थे, वह कमी पूरी हो गई, जो देश-विभाजन के बाद उस वर्ग के बड़ी संख्या में पाकिस्तान चले जाने से पैदा हुई थी, कारण मुस्लिम समाज में उन लोगों की संख्या बढ़ी जो तंग तथा गंदी गलियों से निकलकर खुले, साफ-सुथरे इलाकों में रहना चाहते थे। विभिन्न सरकारी एजेंसियों द्वारा विकसित की जानेवाली रिहायशी कालोनियों ने भी इस प्रवृत्ति को बढ़ावा दिया। हम यदि छठे और

सातवें दशक में देश में शहरीकरण की प्रवृत्ति का अध्ययन करें तो पाएँगे कि इस दौर में शहरों का जो अंधा-धुंध विकास हुआ, उसमें सबसे स्वस्थ लक्षण मिश्रित आबादीवाली बस्तियों का विकास ही था। औद्योगीकरण ने भी इस विकास में मदद की।

मिश्रित आबादीवाली बस्तियों का विस्तार यदि होता रहता, तो संभवतः भारतीय उपमहाद्वीप के सांप्रदायिक रिश्तों को सकारात्मक रूप से प्रभावित करनेवाला यह सबसे महत्त्वपूर्ण कारक होता। ये बस्तियाँ दोनों धर्मों के लोगों को एक-दूसरे के करीब आने, दोनों को अपने पूर्वाग्रह और भ्रांतियाँ छोड़ने तथा एक-दूसरे को बेहतर ढंग से समझने का मौका देतीं। दुर्भाग्य से 1960 के बाद भारतीय शरीर में नासूर की तरह रिसनेवाले दंगों ने इस प्रक्रिया को न सिर्फ रोक दिया है, बल्कि एक तरह से उलट दिया है। न सिर्फ नई मिश्रित आबादियाँ कम विकसित हो रही हैं, बल्कि जिन शहरों में निरंतर दंगे होते रहते हैं, वहाँ इस तरह की बसी बस्तियाँ उजड़ रही हैं और उनके हिंदू और मुस्लिम निवासी अपने-अपने मकान बेचकर 'अपने' इलाकों में जा रहे हैं।

इस प्रवृत्ति का अध्ययन करने के लिए मैंने मेरठ की शास्त्रीनगर नामक कालोनी का चयन किया। मेरठ-हापुड़ रोड पर पिछले दो दशकों के बीच विकसित हुई कई हजार मकानोंवाली यह कालोनी योजनाबद्ध विकास का एक सुंदर नमूना है। सरकारी एजेंसियों द्वारा मेरठ शहर से लगी खेती की जमीनों का अधिग्रहण करके इस कालोनी का विकास किया गया। इसमें कुछ मकान बनाकर बेचे गए तथा काफी संख्या में प्लाटों को विकसित कर खरीदारों को अपने ढंग से मकान निर्मित करने की सुविधा दी गई। नई दिल्ली के करीब होने तथा पश्चिमी उत्तर प्रदेश में औद्योगीकरण की प्रबल संभावनाओं के कारण इन प्लाटों अथवा मकानों को बेचने में कोई समस्या नहीं हुई।

इस कालोनी के विकास में एक महत्त्वपूर्ण बात यह हुई कि दो सौ से अधिक मुसलमानों ने इसमें प्लाट अथवा मकान लिए। ये मुसलमान वे थे जिनके पास विभिन्न पेशों की वजह से पैसा इकट्ठा हो गया था और जो अब मेरठ के गंदे, तंग गलियोंवाले मुस्लिम मोहल्लों से निकलकर ऐसी आबादी में आना चाहते थे जहाँ पार्क थे, चौड़ी सड़कें थीं और सीवर-ड्रेनेज जैसी आधुनिक सुविधाएँ थीं। शुरू-शुरू में यहाँ आकर बसनेवालों में प्रख्यात उर्दू शायर बशीर बद्र भी थे। उनसे बात करने पर मुझे पता चला कि प्रारंभ में उन्हें अपने मोहल्लों के मुसलमानों के व्यंग्य-बाण झेलने पड़े। उनसे कहा

गया कि वे जा तो रहे हैं, पर उन्हें लौटकर फिर यहीं आना पड़ेगा। प्रारंभ में कम लोग आए, पर शुरुआती हिचकिचाहट समाप्त होते ही वहाँ बसनेवालों की संख्या बढ़ती गई। 1987 से पहले शहर के पुराने हिस्सों में तनाव या उपद्रव होने पर भी यह इलाका किसी आधुनिक नए इलाके की तरह इस तनाव से अछूता रहा। पर 1987 के दंगों ने पूरी प्रक्रिया को उलट दिया। इस मोहल्ले का लगभग हर मुस्लिम मकान, जिसमें बशीर बद्र का मकान भी था, इन दंगों में हमलों का शिकार हुआ। सारे मकान आगज़नी, लूट और तोड़-फोड़ के शिकार हुए। परिणाम यह हुआ कि कुछ अपवादों को छोड़कर यहाँ के सारे मुस्लिम निवासी मुस्लिम इलाकों में वापस चले गए।

कुछ-कुछ ऐसी ही स्थिति इलाहाबाद की करेली स्कीम की भी है। चारों तरफ से मुस्लिम आबादी से घिरी हुई इस मिश्रित कालोनी में प्रत्येक सांप्रदायिक तनाव के बाद कुछ न कुछ हिंदू अपने मकान बेच देते हैं।

अपने औद्योगिक चरित्र के कारण अहमदाबाद में 1969 तक ऐसे काफी इलाके थे, जहाँ हिंदुओं और मुसलमानों की मिश्रित आबादी थी। बापूनगर, नवरंगपुरा, चमनपुरा, गोमतीपुर, कालूपुर, दरियापुर कुछ ऐसे ही इलाके हैं, जहाँ हिंदुओं और मुसलमानों की, विशेषकर औद्योगिक मजदूरों की घनी मिश्रित आबादी थी। 1969 के दंगों के बाद इन इलाकों के हिंदुओं और मुसलमानों ने अपने-अपने लिए सुरक्षित इलाके चिह्नित करने शुरू कर दिए। यदि किसी मुस्लिम बहुल बस्ती में हिंदुओं के इक्के-दुक्के मकान थे तो उन्होंने उन्हें बेचकर हिंदूबहुल बस्ती में मकान ले लिए। यही मुसलमानों ने भी किया। हर सांप्रदायिक दंगे में यह प्रक्रिया तेज हो जाती थी और 1985 के दंगे तक आते-आते लगभग पूरी हो गई। अब अपवादस्वरूप ही इसके बरखिलाफ कुछ उदाहरण मिलेंगे। बापूनगर के चारों तरफ तो विभाजक सड़कें बन गई हैं, जिनके एक तरफ हिंदू रहते हैं और दूसरी तरफ मुसलमान। यहाँ के निवासियों में 'मोर्चा' नामक एक शब्द प्रचलित हो गया है, जिसका मतलब इन सड़कों के दोनों तरफ मीलों तक, दंगे के दौरान, हिंदुओं और मुसलमानों के आक्रामक जत्थों का जमावड़ा है। आबादी की अदला-बदली का शिकार वे लेबर कालोनियाँ भी हुई हैं, जिन्हें सरकार ने वर्षों पहले मिल-मजदूरों के लिए बनवाया था और जिनमें रहनेवाले मजदूर अपने-अपने धर्म के लिहाज से सुरक्षित स्थानों पर जाने के लिए क्वार्टरों की अदला-बदली कर रहे हैं।

बंबई में 1992-93 के भयानक दंगों ने उसकी महानगरीय चेतना को बुरी तरह झकझोरा है और वहाँ भी यह प्रक्रिया शुरू हो गई है। अँधेरी (पूर्व)

की तक्षशिला कालोनी, निर्मल नगर (बांद्रा पूर्व), चाचानगर, खेरवाड़ी म्यूनिसिपल कालोनी, चारकोप (कांदीवली) तथा उत्तर-पूर्व भांडुप ऐसे इलाके हैं, जहाँ से मुसलमान अपनी संपत्ति बेचकर सुरक्षित इलाकों में चले गए हैं। इसी तरह जोगेश्वरी में राधाबाई चाल, कुर्ला पाइपलाइन रोड, देवनगर में रफीकनगर, सेंट्रल बंबई के देवरी ऐसे इलाके हैं, जहाँ से हिंदू चले गए। संपत्ति की यह खरीद-फरोख्त' आमतौर से विस्थापित होनेवाले परिवारों के लिए घाटे का सौदा रहा, पर जान-माल की हिफाजत के लिए यह घाटा भी पीड़ित परिवारों ने उठाया है।

आबादी की इस अदला-बदली के कई खतरनाक परिणाम भविष्य में सामने आएँगे। एक-दूसरे के बारे में पहले से ही कम समझदारी तो इससे और कम होगी ही, पूर्वाग्रह और दुर्भावनाएँ भी बढ़ेंगी। साथ ही हिंसा के दौर में एक ही धर्मावलंबियों के इलाके हमले के लिए बेहतर निशाने का काम करेंगे।

छह

समकालीन भारतीय समाज में अक्सर सांप्रदायिक दंगे व्यावसायिक प्रतिद्वंद्विता की उपज के रूप में भी सामने आते हैं। सैकड़ों वर्षों के सह-अस्तित्व ने एक बहुलवादी भारतीय समाज को विकसित होने में मदद की है। यह समाज अपनी आर्थिक गतिविधियों में कुछ इस तरह एक-दूसरे पर निर्भर करता है कि पारस्परिक आदान-प्रदान से शून्य किसी स्थिति की कल्पना भी नहीं की जा सकती, विशेषकर हथकरघा और कुटीर उद्योगों के क्षेत्र में हिंदू और मुसलमान बिना पारस्परिक आदान-प्रदान के फूल-फल नहीं सकते। बनारस का साड़ी, अलीगढ़ का ताला और मुरादाबाद का पीतल उद्योग इसी तरह के क्षेत्र हैं, जहाँ कच्चे माल, हस्तकौशल और विपणन के लिए हिंदू और मुसलमान आपस में इस तरह जुड़े हुए हैं कि दोनों के संबंधों की तल्खी पूरे उद्योग को प्रभावित करती है।

उन नगरों में जहाँ दोनों समुदायों के आर्थिक व्यावसायिक हित पारंपरिक रूप से एक-दूसरों में गुँथे हुए हैं, पिछले कुछ दशकों में एक खास तरह का गुणात्मक परिवर्तन दिखाई देता है। सांप्रदायिक शक्तियों ने इनके आपसी संबंधों में अंतर्विरोध तलाश कर ऐसी स्थितियाँ पैदा करनी शुरू कर दी हैं, जिनके तहत कुछ लोगों के व्यावसायिक हितों को सुरक्षित रखने अथवा उन्हें बढ़ाने के लिए दंगे कराए जाने लगे हैं। बनारस का साड़ी उद्योग इसका एक

अच्छा उदाहरण है। इस उद्योग में परंपरागत रूप से मुसलमान बुनकर और हिंदू व्यापारी का काम करते थे। हिंदू व्यापारी कच्चा माल देकर बुनकरों से साड़ियाँ बनवाते थे। पिछले कुछ दिनों में कुछ मुस्लिम जुलाहे भी अपने व्यापारिक कौशल और मेहनत से बड़े आढ़तिया बन गए हैं। बुनकरों को हिंदू और मुस्लिम दोनों समुदायों के व्यापारियों के शोषण का सामना करना पड़ता है। यदि बनारस के कुछ वर्षों के दंगों का सूक्ष्मता से अध्ययन किया जाए तो हम पाएँगे कि दोनों वर्गों के साड़ी व्यापारियों की आपसी प्रतिद्वंद्विता कई बार हिंसा के पीछे असली कारण होती है। यही वजह है कि दंगों में योजनाबद्ध तरीकों से विपक्षी गोदामों में लूटपाट की गई तथा इस बात के प्रयास किए गए कि प्रतिद्वंद्वी व्यापारियों को दंगे से संबंधित मुकदमों में फँसा दिया जाए।

ऐसी ही कुछ प्रवृत्ति मुरादाबाद में दिखाई पड़ती है। स्वतंत्रता के पूर्व यहाँ का उद्योग मुख्य रूप से मुसलमान व्यापारियों के हाथ में था। विभाजन के दौर में बहुत से मुस्लिम व्यापारी पाकिस्तान चले गए और उनके स्थान पर व्यावसायिक रूप से चतुर और मेहनती पंजाबी शरणार्थियों ने इस उद्योग का नेतृत्व सँभाल लिया। इन व्यापारियों ने इस उद्योग को कई गुना अधिक विकसित किया और यहाँ के बने सामानों का बड़े पैमाने पर निर्यात शुरू कर दिया। हिंदू और मुस्लिम व्यापारियों की व्यावसायिक प्रतिस्पर्द्धा पिछले कई दंगों में खुलकर सामने आई। इसका नतीजा भी दंगों में प्रतिद्वंद्वी व्यापारियों के गोदामों या कारखानों पर हमले के रूप में सामने आया है।

इस अध्ययन के दौरान मुझे अहमदाबाद में भू-माफिया द्वारा दंगों को भड़काने में निभाई जाने वाली भूमिका का पता चला। बिल्डर लॉबी के नाम से जाना जानेवाला यह माफिया आपस में पूरी तरह से धर्मनिरपेक्ष संबंध कायम रखता है और उसकी कार्यवाही की पीछे सिर्फ व्यावसायिक कारण होते हैं। इन गिरोहों में अक्सर हिंदू-मुसलमान दोनों सदस्य होते हैं। अहमदाबाद में बहुत से इलाके अभी भी मिश्रित आबादी वाले हैं। 1969 के दंगों के बाद से थोड़े-थोड़े मध्यांतर पर होनेवाले दंगों के कारण इन इलाकों से निकलकर हिंदुओं और मुसलमानों ने अपने-अपने लिए सुरक्षित बस्तियाँ तलाशनी शुरू कर दी हैं। यही लोग इस बिल्डर लॉबी का पहला निशाना हैं। बिल्डर लॉबी हिंदुओं और मुसलमानों के लिए पहले अलग-अलग आवासीय क्षेत्र चुनती है और फिर उसे विकसित करना शुरू करती है। प्लाटों या मकानों के रजिस्ट्रेशन के दौरान व्यवस्थित ढंग से नगर में सांप्रदायिक तनाव पैदा किया जाता है।

घबराकर मिश्रित आबादी में 'फँसे' लोग रजिस्ट्रेशन कराना शुरू कर देते हैं। एक बार मकानों के बन जाने या प्लाटों के विकसित हो जाने के बाद यदि आसानी से उनकी बिक्री नहीं हो पाती तो फिर तनाव पैदा किया जाता है और इस तरह फिर डरे हुए लोग इन बिल्डरों की शरण में आ जाते हैं। दिलचस्प तथ्य यह है कि बिल्डर के लिए यह आवश्यक नहीं है कि वह सिर्फ अपने धर्मावलंबी के लिए मकान बनाए। इसी तरह तनाव पैदा करने के लिए हिंदू और मुस्लिम बिल्डर अपने धन अथवा बाहुबलियों के माध्यम से एक-दूसरे की मदद करते हैं।

सांप्रदायिक दंगों में भू-माफिया का योगदान बंबई के दंगों में बड़ा साफ दिखाई पड़ता है। जमीन की आसमान छूती कीमतों ने बिल्डर लॉबी को यहाँ अकूत धन के साथ-साथ बहुत अधिक राजनैतिक और सामाजिक हैसियत भी प्रदान की है। किसी भू-खंड को खाली कराकर उस पर इमारतें या व्यावसायिक भवन बनवाने के लिए भू-माफिया किसी भी सीमा तक जा सकता है। 1992-93 के दंगों में ऐसे उदाहरण मिले, जब चालों या झुग्गी-झोंपड़ियों को उनमें रहनेवालों के साथ ही जला दिया गया। मकसद सिर्फ एक था—किसी भी तरह जमीन साफ कर वहाँ नई इमारतें बनाना। धारावी में कुछ ऐसी झोंपड़ियों पर हमला किया गया, जिनमें रहनेवाले पहले ही उसे छोड़कर किसी सुरक्षित स्थान पर निकल गए थे और उनमें लूटने के लिए भी कुछ नहीं था। बलवाइयों ने उनमें आग लगा दी, ताकि उस जमीन पर कोई अन्य व्यावसायिक गतिविधि शुरू की जा सके।

4

सांप्रदायिक दंगे और भारतीय पुलिस

सांप्रदायिक तनाव के दौरान पुलिस की भूमिका अथवा निष्पक्षता को लेकर भारतीय समाज अपनी सोच में बुरी तरह विभाजित है। समाज के अलग-अलग वर्ग पुलिस की निष्पक्ष भूमिका को अपने ढंग से व्याख्यायित करते हैं। इस अध्ययन के दौरान मुख्य रूप से तीन वर्गों की राय जानने की कोशिश की गई। ये थे—पुलिसकर्मी, बहुसंख्यक समुदाय और अल्पसंख्यक समुदाय। आश्चर्यजनक रूप से अलग-अलग तीनों वर्गों में उनके सदस्यों की राय कमोबेश एक जैसी थी। अर्थात एक बर्ग के लोग पुलिस की भूमिका को लेकर एक जैसा ही सोचते हैं। पुलिसकर्मियों को एक वर्ग के रूप में रखना समाजशास्त्रीय अध्ययन के लिहाज से उचित नहीं है, क्योंकि एक जैसी वर्दी पहनने के बावजूद उनके आचरण और

सोच में आर्थिक, सामाजिक और भौगोलिक पृष्ठभूमि का फर्क साफ दिखाई पड़ता है। फिर भी इस अध्ययन में उन्हें एक वर्ग के रूप में इसलिए रखा गया है, क्योंकि उन्हें दिया जानेवाला प्रशिक्षण और अनुशासित ढंग से एक समूह में आचरण करने की उनसे अपेक्षा उनके सोचने तथा किसी सामाजिक मुद्दे पर प्रतिक्रिया व्यक्त करने की प्रक्रिया को इस तरह से प्रभावित करते हैं कि वे महत्त्वपूर्ण विषयों पर काफी हद तक एक जैसी राय रखने लगते हैं। उदाहरण के लिए नक्सलवाद या आतंकवाद अधिकांश पुलिसकर्मियों के लिए सिर्फ कानून और व्यवस्था की 'समस्या' है। इन गतिविधियों के सामाजिक-आर्थिक पहलुओं को नजरंदाज करते हुए वे पूरी ईमानदारी के साथ यह मानते हैं कि यदि सख्ती के साथ कानून और व्यवस्था लागू कर दी जाए तो इस 'समस्या' से निजात पाई जा सकती है। इसी तरह सांप्रदायिकता भी उनके लिए कानून और व्यवस्था का ही मामला है।

इस अध्ययन के दौरान सेवारत और सेवानिवृत्त लगभग पचास पुलिसकर्मियों से साक्षात्कार किए गए। साक्षात्कार के लिए कुछ लोगों के पास प्रश्नावलियाँ भेजी गईं और कुछ से आमने-सामने बातें हुईं। जिन लोगों से साक्षात्कार किए गए उनमें श्री रुस्तम जी, श्री एन.एस. सक्सेना तथा श्री जे.एफ. रिबेरो जैसे अधिकारी भी सम्मिलित हैं, जिन्हें भारतीय पुलिस का थिंक टैंक कह सकते हैं। विभिन्न विषयों पर ये लोग निरंतर लिखते रहे हैं।

इस अध्ययन के दौरान बहुसंख्यक और अल्पसंख्यक समुदाय के दंगा-पीड़ित सदस्यों के लिए एक समान प्रश्नावली रखी गई। प्रश्नावली बनाते समय इस बात का ध्यान रखा गया कि दंगा-पीड़ित आमतौर से समाज के सबसे कमजोर तबके के सदस्य होते हैं। आर्थिक और सामाजिक पिछड़ापन उनके शैक्षणिक स्तर पर भी झलकता है। इसलिए प्रश्नावली में प्रश्न बिना किसी अकादमिक उलझाव के सीधे-साधे ढंग से पूछे गए और उत्तर भी हाँ या नहीं में माँगे गए। परिशिष्ट 'क' में उल्लिखित प्रश्नावली का पहला प्रश्न दंगा-पीड़ितों के मन में पुलिस की छवि से संबंधित था। जब उनसे पूछा गया कि वे सांप्रदायिक दंगों के दौरान पुलिस को किस रूप में पाते हैं तो बहुसंख्यक समुदाय अर्थात हिंदुओं और अल्पसंख्यक समुदाय अर्थात मुसलमानों तथा सिक्खों की अवधारणा एक-दूसरे के एकदम विपरीत निकली। जहाँ सौ प्रतिशत हिंदुओं ने पुलिस को सांप्रदायिक दंगे के दौरान मित्र के रूप में पाया, वहीं लगभग सौ प्रतिशत (नगण्य अपवाद को छोड़कर) मुसलमानों और सिक्खों का मानना था कि सांप्रदायिक दंगों के दौरान पुलिस उनके साथ शत्रु जैसा

व्यवहार करती है। पुलिस को मित्र माननेवाले हिंदुओं में से अधिकतर लोग सांप्रदायिक दंगों से इतर स्थितियों में पुलिस को यह दर्ज़ा नहीं देंगे। उदाहरण के लिए सड़क पर ट्रैफिक नियमों का उल्लंघन करते समय ट्रैफिक कांस्टेबिल द्वारा अशिष्ट भाषा का प्रयोग करने या पुलिस थाने में रपट लिखाने जाने पर उपेक्षित अथवा अपमानित किए जाने जैसे रोजमर्रा के अनुभवों के चलते एक आम हिंदू या एक आम मुस्लिम की पुलिस को लेकर भावना एक जैसी हो सकती है। यह एक दुर्भाग्यपूर्ण स्थिति है कि साधारण परिस्थिति में देश का कोई वर्ग पुलिस को मित्र मानने के लिए तैयार नहीं होता, जबकि सांप्रदायिक दंगों के दौरान देश की बहुसंख्या पुलिस को मित्र मानने के लिए कैसे तैयार हो जाती है। इस स्थिति को समझने के लिए सांप्रदायिक दंगों के दौरान पुलिस की प्रतिक्रिया के विभिन्न आयामों को गहराई से देखना होगा। आगे हम सांप्रदायिक दंगों के दौरान पुलिस द्वारा प्रयोग किए जानेवाले बल, दंगों के दौरान की जानेवाली गिरफ्तारियों, निरोधात्मक कार्यवाहियों, तथ्यों की रिपोर्टिंग और कैदियों के साथ व्यवहार जैसे क्षेत्रों की पड़ताल कर उन कारणों को रेखांकित करने का प्रयास करेंगे, जिनके चलते एक ही स्थिति में पुलिस बहुसंख्यक समुदाय को मित्र लगती है और अल्पसंख्यक समुदाय को शत्रु।

प्रश्नावली का दूसरा प्रश्न सांप्रदायिक दंगों के दौरान पुलिस के पास सहायता के लिए जाने से संबंधित था। इस प्रश्न का उत्तर पहले प्रश्न के उत्तर से जुड़ा है। जिन लोगों की अवधारणा पुलिस को लेकर शत्रु की थी, वे सांप्रदायिक दंगों के दौरान पुलिस के पास मदद माँगने जाने को तैयार नहीं थे। यह पूछे जाने पर कि क्या सांप्रदायिक दंगों के दौरान वे मदद के लिए पुलिस से संपर्क करेंगे, शत-प्रतिशत हिंदुओं ने हाँ में उत्तर दिया, जबकि मुसलमानों और सिक्खों में अधिकांश का उत्तर ना में था। इस उत्तर में छिपे गंभीर निहितार्थों की हम उपेक्षा नहीं कर सकते। दंगों के दौरान पुलिस राज्य के सबसे दृश्यमान हिस्से के रूप में सड़क पर उपस्थित होती है। एक सहज और स्वाभाविक प्रतिक्रिया के रूप में राज्य के किसी भी नागरिक को जान या माल के खतरे में पड़ते ही सबसे पहले पुलिस से संपर्क करने की कोशिश करनी चाहिए। यदि नागरिकों का कोई वर्ग पुलिस पर अनास्था रखता है तो इस बात का हमेशा खतरा बना रहेगा कि इस वर्ग की राज्य पर ही आस्था समाप्त हो जाए। यह एक खतरनाक स्थिति होगी। राज्य द्वारा सुरक्षा प्रदान न कर पाने के खतरनाक परिणाम हमारे सामने आ चुके हैं। यह एक खुला तथ्य है कि 1984 में कत्लेआम की शक्ल में मारे गए सिक्खों के परिवार

सिक्ख आतंकवाद के लिए रंगरूट भरती करने के सबसे उर्वर क्षेत्र बन गए थे। इसी तरह बंबई में हुई बम-विस्फोट की घटनाओं की विवेचना के दौरान यह तथ्य स्पष्ट रूप से उभरा कि दिसंबर 1992 तथा 1993 के प्रारंभिक महीनों में मुसलमानों के जान-माल के अभूतपूर्व नुकसान और उन्हें सुरक्षा प्रदान करने में राज्य की विफलता ने इस घटना में भाग लेने वाले लोगों को बम-विस्फोटों के सहारे अपने गुस्से का इजहार करने के लिए प्रेरित किया।

हमें यह याद रखना चाहिए कि पाकिस्तानी खुफिया एजेंसियाँ, जिनमें कुख्यात आई.एस.आई. सबसे प्रमुख है, भारत में निरंतर अपना समर्थन-आधार बढ़ाने का प्रयास करती रहती हैं और राज्य पर जनसंख्या के किसी भी वर्ग की आस्था समाप्त होते ही उन्हें अपनी जड़ें फैलाने के लिए उर्वर भूमि आसानी से मिल जाती है।

दो

इस अध्ययन के दौरान अल्पसंख्यकों के मन में सांप्रदायिक दंगों के समय पुलिस की दुश्मन जैसी छवि के उजागर होने के कारणों की विवेचना से पहले हमें इस दुर्भाग्यपूर्ण तथ्य को ध्यान में रखना होगा कि ब्रिटिश राज्य में एक आधुनिक और संगठित संस्था के रूप में जन्मी पुलिस से भारतीय समाज की अपेक्षाएँ आमतौर से सांप्रदायिक ही रही हैं। एक औसत हिंदू या मुसलमान पुलिसकर्मी अपने समुदाय के हितों के रक्षक के रूप में देखा जाता रहा है। ब्रिटिश शासन के उत्तरार्द्ध में जैसे-जैसे भारतीय समाज में सांप्रदायिकता बढ़ती गई, अविश्वास और असुरक्षा से ग्रस्त समुदाय एक औसत पुलिसकर्मी को अपने रक्षक के बड़े प्रतीक के रूप में पाने लगा। सांप्रदायिक संघर्षों के दौरान पुलिस थाने पर जानेवाला हिंदू या मुसलमान स्वधर्मी पुलिसकर्मी के साथ अधिक सहजता से संवाद कायम कर लेता है या दंगों के दौरान विधर्मी पुलिसकर्मी की हर हरकत उसे अविश्वसनीय और शत्रुतापूर्ण लगती है।

पुलिस से इन सांप्रदायिक अपेक्षाओं के पीछे मुख्य कारण ब्रिटिश औपनिवेशिक राज्य द्वारा अपने अस्तित्व-रक्षा के प्रयास के रूप में बड़े पैमाने पर भारतीय समाज का किया गया सांप्रदायीकरण है। सांप्रदायीकरण की इस प्रक्रिया से समाज के सभी वर्ग प्रभावित हुए और स्वाभाविक था कि पुलिस भी, जो इसी समाज से आती थी, इस प्रक्रिया से अछूती नहीं रही। बहुत सारे मौकों पर हमें पुलिस का आचरण समाज की सांप्रदायिक अपेक्षाओं के अनुकूल ही मिलता है। समकालीन समाज में अल्पसंख्यकों और पुलिस के

रिश्तों को पारिभाषित करने के पूर्व हमें स्वतंत्रतापूर्व के भारतीय समाज में घटी सिर्फ दो घटनाओं के अध्ययन से यह समझने में मदद मिलेगी कि किस तरह हमारा समाज एक पुलिसकर्मी से अपने समुदाय के सांप्रदायिक हितों की रक्षा की अपेक्षा करता है।

बीसवीं शताब्दी के प्रारंभिक दशकों में बंगाल के पूर्वी हिस्सों में रुक-रुककर निरंतर सांप्रदायिक हिंसा की घटनाएँ होती रहीं। तीसरे और चौथे दशक तक इस हिंसा की एक राजनीतिक शक्ल स्पष्ट होने लगी थी, किंतु उसके पहले यह संघर्ष मुख्य रूप से धार्मिक कठमुल्लों द्वारा एक ग्रामीण परिवेश में सामाजिक-आर्थिक मुद्दों के सांप्रदायिक इस्तेमाल के प्रयास से उपजे आक्रोश की अभिव्यक्ति था। मुसलमान काश्तकारों तथा भूमिहीन मजदूरों द्वारा अपने शोषक हिंदू भूस्वामियों और सूदखोरों के खिलाफ भड़कनेवाली हिंसा धर्मांध मौलवियों द्वारा धार्मिक प्रतीकों का प्रयोग करने के कारण सांप्रदायिक हो उठती थी।

भोले-भाले अशिक्षित ग्रामीणों के सामाजिक-आर्थिक संघर्षों के सांप्रदायीकरण की इस प्रक्रिया में तत्कालीन पूर्वी बंगाल के पुलिसकर्मी क्या भूमिका निभा रहे थे, इसका अध्ययन बड़ा दिलचस्प होगा। सांप्रदायिक शक्तियों ने मुस्लिम सर्वहारा को हिंदुओं के विरुद्ध गोलबंद करने के लिए दो अफवाहें प्रमुख रूप से फैलाई थीं। पहली अफवाह तो यह थी कि ब्रिटिश महारानी और ढाका के नवाब में समझौता हो गया है और हिंदुओं पर हमला ब्रिटिश राज की सेवा होगा। दूसरी अफवाह के अनुसार एक निश्चित अवधि के दौरान हिंदुओं पर किए गए हमलों के लिए कोई मुकदमा नहीं चलेगा। अलग-अलग शहरों में यह अवधि अलग-अलग प्रचारित की गई।

इन अफवाहों की साख बढ़ाने के लिए मुल्लाओं ने मुस्लिम पुलिसकर्मियों का सहारा लिया। एक पुलिस के सिपाही की जैसी हैसियत तत्कालीन भारतीय समाज में थी, उसे देखते हुए आश्चर्यजनक नहीं था कि पूर्वी बंगाल के मुसलमान ग्रामीणों ने पुलिसकर्मियों के पुष्टि करते ही इन अफवाहों पर विश्वास कर लिया। दंगों में जहाँ इस बात की शिकायतें मिलीं कि मुसलमान सिपाहियों और थानेदारों ने, जिनकी संख्या पुलिस में हिंदुओं से अधिक थी, हिंसा के शिकार हिंदुओं को बचाने की कोशिश नहीं की, वहीं इससे भी गंभीर बात यह पाई गई कि उपरोक्त अफवाहों को फैलाने तथा उनकी सत्यता की छाप भोले-भाले ग्रामीणों के मन में बैठाने का काम मुस्लिम पुलिसकर्मियों ने किया।

एक मुकदमे के दौरान एक ग्रामीण मुसलमान ने, जिस पर हिंदुओं के विरुद्ध हिंसा में भाग लेने का आरोप लगाया जा रहा था, बड़ी मासूमियत से

अदालत में मौजूद एक सिपाही की तरफ उँगली उठाते हुए कहा कि इसी ने उसे बताया था कि हिंदुओं पर उस अवधि के दौरान किया गया हमला राजभक्ति का काम माना जाएगा और ब्रिटिश महारानी तथा ढाका के नवाब के बीच हुए समझौते के मुताबिक इस काम के लिए आम माफी मिली हुई है।

इलाहाबाद से प्रकाशित दैनिक 'लीडर' के संपादक सी.वाई. चिंतामणि द्वारा संयुक्त प्रांत के मुख्य सचिव एच. बामफोर्ड को भेजे गए एक पत्र से भी पुलिस से तत्कालीन समाज की सांप्रदायिक अपेक्षाओं पर अच्छा प्रकाश पड़ता है। इस पत्र के साथ श्री चिंतामणि ने, जो विधान परिषद् के सदस्य भी थे, कानपुर के पं. रघुवर दयाल भट्ट वैद्य का एक लंबा पत्र संलग्न किया है। पं. रघुवर दयाल ने अपने पत्र में विस्तार से इस बात का उल्लेख किया है कि किस प्रकार कानपुर, जो हिंदू व्यापारियों का गढ़ है, धीरे-धीरे हिंदुओं के लिए असुरक्षित होता जा रहा है। इस असुरक्षा का एकमात्र कारण पुलिस विभाग में मुसलमानों का बहुत अधिक प्रतिनिधित्व था। उनके अनुसार नगर तथा देहात के थानों पर नियुक्त थानाध्यक्षों तथा अन्य पदाधिकारियों में मुस्लिम बहुमत हिंदू हितों के लिए घातक है। मुख्य सचिव द्वारा पुलिस महानिरीक्षक को टिप्पणी के लिए भेजे जाने पर प्राप्त विस्तृत टिप्पणी से पता चलता है कि कानपुर (अथवा पूरे संयुक्त प्रांत में) पुलिस नें मुसलमान हिंदुओं से बहुत अधिक थे। पर इसका कारण विभागीय तरक्की की परीक्षाओं का उर्दू में होना था। वैद्य रघुबर दयाल भट्ट का पत्र तथा पुलिस महानिरीक्षक आर.एम. हार्टन की टिप्पणी परिशिष्ट 'ख' में दी गई है।

वस्तुतः वैद्य रघुवर दयाल भट्ट द्वारा कानपुर पुलिस में मुस्लिम प्रतिनिधित्व की अधिकता को लेकर प्रकट की गई आशंकाएँ तत्कालीन भारतीय समाज की पुलिस से की जाने वाली सांप्रदायिक अपेक्षाओं का ही दूसरा रूप थीं। इन अपेक्षाओं के मुताबिक खाकी वर्दी पहने हुए एक पुलिसकर्मी को अंततः अपने समुदाय के रक्षक अथवा विरोधी समुदाय के शत्रु के रूप में ही देखा जाता था।[1]

पिछले कुछ वर्षों में भारतीय समाज का सांप्रदायीकरण व्यापक पैमाने पर हुआ है। पुलिस भी स्वाभाविक रूप से उससे प्रभावित हुई है। स्वतंत्रता के फौरन बाद जब राजनीति राष्ट्र निर्माण और निःस्वार्थ सेवा जैसे महान आदर्शों से प्रभावित रही, पूरे समाज में एक विशेष प्रकार का उत्साह और

1. फाइल–379 बाक्स–84 पुलिस डिपार्टमेंट 1936, स्रोत उत्तर प्रदेश स्टेट आर्काइव्स।

राष्ट्रीयता की भावना दिखाई देती है। बाद में जैसे-जैसे राजनीति में गिरावट आई, उसका असर अन्य संस्थाओं पर भी दिखाई देने लगा और जनता मोहभंग का शिकार होने लगी। इसका सीधा असर सांप्रदायिक दंगों के ग्राफ पर भी दिखाई पड़ता है। स्वतंत्रता के फौरन बाद विभाजन को लेकर हुए दंगों को छोड़ दें तो महात्मा गाँधी की हत्या के बाद ये दंगे लगभग थम से गए। पंचवर्षीय योजनाओं के माध्यम से विकास के सोपान चढ़ रहे राष्ट्र में धर्मांध शक्तियों को सिर उठाने का अवसर नहीं मिला। इस दौरान ये शक्तियाँ कमजोर अवश्य रहीं, पर पूरी तरह समाप्त नहीं हो सकीं। जैसे-जैसे राजनीति और दूसरी संस्थाएँ भ्रष्ट होती गईं और जनता में राष्ट्रभक्ति की भावना कमजोर होती गई, राष्ट्रविरोधी सांप्रदायिक शक्तियाँ मजबूत होती गईं। 1961 में पहली बार हम देखते हैं कि एक बार फिर से बड़े सांप्रदायिक दंगों का दौर शुरू होता है। जबलपुर तथा एक दर्जन से अधिक शहरों में हुए दंगे आसन्न खतरों और भारतीय समाज में बढ़ रही सांप्रदायिक चेतना के संकेत थे।

जैसे-जैसे सांप्रदायीकरण बढ़ता गया, सांप्रदायिक दंगे फिर से भारतीय समाज में एक अनिवार्य घटना की तरह उपस्थित होने लगे। सांप्रदायिकता के विष से ग्रस्त समाज ने फिर से पुलिस से सांप्रदायिक अपेक्षाएँ करनी शुरू कर दीं। एक औसत पुलिसकर्मी भी दुर्भाग्य से इन्हीं अपेक्षाओं के अनुरूप ढलने के प्रयास में अधिक सचेष्ट दिखाई पड़ता है। हमारी भर्ती तथा प्रशिक्षण की प्रक्रिया में कहीं-न-कहीं कोई मूलभूत खामी जरूर रही है, जिससे वर्दी पहनने के बाद भी पुलिसकर्मी अपने को हिंदू या मुसलमान महसूस करता है। स्वतंत्रता के बाद भी सांप्रदायिक तनाव किस तरह हमारी चेतना को प्रभावित कर खाकी वर्दी के नीचे से हिंदू या मुसलमान को ऊपर ले आता है, इसके उदाहरण लगभग हर दंगे में मिल जाएँगे। यहाँ पर सिर्फ दो-तीन उदाहरण काफी होंगे।

श्रीमती इंदिरा गाँधी की हत्या के बाद 1984 में हुआ सिक्खों का नरसंहार कभी संभव नहीं हो पाया होता, यदि अलग-अलग नगरों में पुलिस द्वारा जान-बूझकर लापरवाही न बरती गई होती। कई स्थानों पर यह लापरवाही बलवाइयों के साथ सक्रिय सहयोग के रूप में भी सामने आती है। इस दौर में पुलिस के हिंदू हो जाने का एक बड़ा मार्मिक प्रसंग मुझे कानपुर में सुनने को मिला। पंजाबी लेखिका और एक महाविद्यालय की प्रधानाचार्या तरन गुजराल ने मुझे अपने अनुभव सुनाते हुए बताया कि जब उनका पूरा मोहल्ला बलवाइयों ने घेर रखा था और किसी भी क्षण उनके घर पर हमला

हो सकता था, उन्होंने पुलिस कंट्रोल रूम को फोन किया। अपनी मुसीबत बताने तथा पुलिस सहायता भेजने के लिए गिड़गिड़ाने पर उन्हें दूसरी ओर से एक व्यंग्य भरा उत्तर मिला—'हम भी तो हिंदू हैं।' एक मुसीबतज़दा औरत को दिया गया यह उत्तर इस बात का परिचायक था कि खाकी वर्दी पहनने के बाद भी किस तरह एक पुलिसकर्मी समाज की सांप्रदायिक अपेक्षाओं पर खरा उतरने का प्रयास करता है।

अहमदाबाद (1969) में हुए दंगों की जाँच कर रहे जगमोहन रेड्डी आयोग ने आधे दर्जन से अधिक ऐसे मामले गिनाए हैं, जहाँ पुलिस थानों अथवा चौकियों से सटे हुए मुस्लिम धर्मस्थलों को नष्ट किया गया। पुलिस अधिकारियों ने आयोग के सामने यह लचर दलील दी कि दंगों में व्यस्त रहने के कारण इन जगहों पर पर्याप्त पुलिस बल नहीं था, जिससे बलवाइयों ने धर्मस्थलों को नष्ट कर दिया। पर आयोग इन दलीलों से प्रभावित नहीं दिखता। आयोग के सामने रायखाड़ पुलिस लाइन्स के पास स्थित सैयदवाड़ा के मुसलमानों तथा वहाँ स्थित मस्जिद पर पुलिसकर्मियों के हमले का मामला भी आया। आयोग ने पुलिस की यह दलील मानने से इनकार कर दिया कि मुसलमानों ने पुलिस लाइन्स पर हमला किया था और उन्हें चोटें इसी दौरान लगीं।[1] अहमदाबाद में पुलिस थानों के पास हिंदू धर्मस्थल भी थे, पर एक भी उदाहरण ऐसा नहीं मिला जब पुलिस बल की कमी से उत्साहित होकर मुसलमानों ने इन पर हमला किया हो। भागलपुर (1989) में तो एक उदाहरण ऐसा भी है जहाँ पुलिसकर्मियों ने पुलिस लाइन्स से निकलकर उससे सटे एक मुस्लिम मोहल्ले पर हमला कर दिया और लूटपाट की। ये दोनों उदाहरण भी पुलिस के हिंदू बने रहने के उदाहरण हैं।

तीन

इस अध्ययन के दौरान यह पाया गया कि अल्पसंख्यक आमतौर से पुलिस को सांप्रदायिक दंगों के दौरान शत्रु के रूप में पाते हैं। इस तथ्य और ऊपर उल्लिखित स्वतंत्रतापूर्व समाज की पुलिस से सांप्रदायिक अपेक्षाओं को मिलाकर देखने से स्थिति काफी स्पष्ट हो सकेगी। हमने पूर्वी बंगाल की हिंसक घटनाओं के दौरान देखा कि मुस्लिम सांप्रदायिक शक्तियों द्वारा अफवाह फैलाने में पुलिस का इस्तेमाल किया गया। वैद्य रघुबर दयाल का

1. अहमदाबाद (1969) दंगों के लिए नियुक्त रेड्डी जाँच आयोग की रपट, पृ. 173-174

पत्र कानपुर के हिंदुओं के डर को अभिव्यक्त करता है कि अगर कोई सांप्रदायिक दंगा शहर में होता है तो मुस्लिम-बहुल पुलिस उनकी रक्षा नहीं करेगी। ये दोनों घटनाएँ तत्कालीन भारतीय समाज में मौजूद प्रभावी प्रवृत्ति का प्रतिनिधित्व करती हैं। स्वतंत्रता के बाद भारतीय समाज में अल्पसंख्यकों के मन में जो आशंकाएँ पल रही हैं कहीं वह इस प्रवृत्ति के विस्तार का परिणाम ही तो नहीं है ? अल्पसंख्यकों का पुलिस को अपने शत्रु-रूप में देखना किसी शून्य से उपजा है अथवा उसके पीछे कुछ ठोस वास्तविकताएँ हैं ? कहीं पुलिस के अपने व्यवहार में तो कुछ ऐसा नहीं है जिसके कारण एक ही परिस्थिति में जनता का एक वर्ग उसे शत्रु तथा दूसरा मित्र मानने लगता है ? इन सारे प्रश्नों का उत्तर हमें सांप्रदायिक दंगों से निपटते समय पुलिस के व्यवहार, पुलिस-बलों में अल्पसंख्यकों के प्रतिनिधित्व तथा बहुसंख्यकों और अल्पसंख्यकों द्वारा एक ही स्थिति में पुलिस से की जानेवाली अलग-अलग अपेक्षाओं में तलाशना पड़ेगा।

सबसे पहले हम सांप्रदायिक हिंसा के दौरान पुलिस द्वारा उसे कुचलने के लिए किए गए प्रयासों का विश्लेषण करें। शांति और व्यवस्था की किसी भी अन्य समस्या की तरह सांप्रदायिक हिंसा में पुलिस द्वारा की जानेवाली कार्यवाही कई चरणों में बाँटी जा सकती है। हिंसा के पूर्व अभिसूचना का एकत्रीकरण, निरोधात्मक कार्यवाही (जैसे अराजक और सांप्रदायिक तत्त्वों की गिरफ्तारियाँ या मुचलका भराना), शक्ति प्रदर्शन द्वारा समाज विरोधी तत्त्वों के मन में भय पैदा करना तथा समझा-बुझाकर तनाव के बिंदुओं को कम करने के प्रयास पहले चरण में आते हैं। पुलिस कार्यवाही का दूसरा चरण सांप्रदायिक हिंसा भड़क उठने के बाद शुरू होता है। इसके अंतर्गत उपद्रवी तत्त्वों पर लाठी तथा गोली जैसे रूपों में वास्तविक बल का प्रयोग, गिरफ्तारियाँ, कर्फ्यू तथा हिंसा के शिकार लोगों को सुरक्षा प्रदान करने जैसी गतिविधियाँ आती हैं। तीसरे और अंतिम चरण में दंगा-पीड़ितों का पुनर्वास, दंगाइयों के विरुद्ध कायम मुकदमों की विवेचना और अभियोजन, एक बार शांति स्थापित हो जाने के बाद उसके स्थायित्व के लिए आवश्यक प्रबंध तथा जनसाधारण के मन में विश्वास की भावना पैदा करना शामिल है।

ऊपर उल्लिखित तीनों चरणों में उठाए गए कदमों से ही पुलिस की निष्पक्षता निर्धारित होती है और यही निष्पक्षता समाज के विभिन्न वर्गों से उसके रिश्तों को रेखांकित करती है। भारत में अल्पसंख्यकों द्वारा पुलिस को अपना शत्रु मानने के पीछे निहित कारणों में प्रमुख है पुलिस का

सांप्रदायिक हिंसा के दौरान व्यवहार। आगे हम देखेंगे कि किस तरह पुलिस एक ही स्थिति में बहुसंख्यक तथा अल्पसंख्यक वर्गों के साथ इस तरह पेश आती है कि एक वर्ग उसे अपना मित्र मानने लगता है तथा दूसरा शत्रु।

चार

पिछले अध्याय में हमने पाया है कि स्वतंत्रता के बाद लगभग सभी बड़ी सांप्रदायिक घटनाओं के दौरान मरनेवालों में मुसलमानों की संख्या न सिर्फ अधिक थी, बल्कि अधिकतर घटनाओं में तो यह अस्सी प्रतिशत से भी अधिक थी। नष्ट होनेवाली संपत्ति में भी अधिकतर मुसलमानों की ही थी। ऐसी स्थिति में शांति और व्यवस्था कायम करनेवाली एजेंसियों से यह अपेक्षा स्वाभाविक ही होगी कि गिरफ्तारियों और तलाशियों के दौरान वे इस तथ्य को ध्यान में रखें और अनुपात में हिंदुओं की अधिक गिरफ्तारियाँ करें तथा उनके घरों की अधिक तलाशियाँ लें। पर दुर्भाग्य से ऐसा नहीं होता। लगभग सभी दंगों में जहाँ मरनेवालों में मुसलमान अधिक थे, गिरफ्तारियाँ भी उन्हीं की अधिक हुईं, तलाशियाँ भी उन्हीं के घरों की ली गईं और कर्फ्यू भी उन्हीं इलाकों में अधिक सख्ती से लगाया गया जहाँ मुसलमानों की आबादी अधिक थी। अहमदाबाद (1969), भिवंडी (1970) तथा भागलपुर (1989) जैसे दंगों में भी जहाँ मुसलमानों का एकतरफा संहार हो रहा था, जब गिरफ्तारियाँ हुईं तो बहुसंख्या उनमें मुसलमानों की ही थी। नीचे दिए गए चार्ट से यह स्थिति काफी हद तक स्पष्ट हो जाती है।

चार्ट

गिरफ्तारियाँ तथा जान की क्षति		हिंदू	मुस्लिम
भिवंडी (1970)	निरोधात्मक/संज्ञेय अपराधों में गिरफ्तारी	21	901
	मृत्यु	17	50
मेरठ (1982) 15 सितंबर, 1982 तक	निरोधात्मक/ संज्ञेय अपराधों में गिरफ्तारी	124	231
	मृत्यु	2	8

इसी तरह तलाशियों में भी हम जाएँगे कि मुख्य रूप से मुस्लिम घरों की ही तलाशियाँ होती हैं। एक आम पैटर्न यह है कि पूरे मुस्लिम मोहल्ले को सेना या अर्द्ध-सैनिक बलों की सहायता से घेर लिया जाता है और फिर पुलिस तथा मैजिस्ट्रेट इन घरों में घुसकर तलाशी लेते हैं। कर्फ्यू लगाते समय भी प्रशासनिक तथा पुलिस अधिकारी बड़ी दिलचस्प मनोवृत्ति का परिचय देते हैं। जहाँ मुस्लिम बस्तियों में कर्फ्यू पूरी सख्ती के साथ लगाता जाता है, वहीं हिंदू इलाकों में आमतौर से मुख्य सड़कों तक सीमित रहता है। अंदर गलियों में जीवन की सामान्य चहल-पहल बरकरार रहती है। अहमदाबाद, मेरठ, बंबई और इलाहाबाद के मुस्लिम दंगा-पीड़ितों से बातें करते समय पुलिस से उनकी नाराजगी के मुख्य कारणों में से यह एक महत्त्वपूर्ण कारण सामने आया। यह शिकायत उन इलाकों में ज्यादा मुखर थी, जहाँ हिंदू और मुस्लिम रिहायशी बस्तियाँ अगल-बगल थीं। अहमदाबाद और इलाहाबाद के दंगाग्रस्त इलाकों में निर्धन हिंदू और मुस्लिम परिवारों के लिए दैनिक जरूरतों के संदर्भ में कर्फ्यू का मतलब अलग-अलग था। अपने अध्ययन के दौरान मैंने पाया कि अधिकतर घरों की पानी की आवश्यकता सार्वजनिक नलों से पूरी होती है। कर्फ्यू के दौरान जहाँ मुसलमानों को घरों के अंदर बंद कर दिया जाता है, वहीं हिंदू गलियों में पानी भरने के लिए स्वतंत्र रहते हैं। यदि हम पुलिस फायरिंग में मरनेवालों की संख्या का विश्लेषण करें तो हमें इसी तरह के चौंकानेवाले तथ्य मिलेंगे। आमतौर से पुलिस की गोलियों का शिकार मुसलमान ही होते हैं। नीचे दिए गए चार्ट को देखना इस अर्थ में दिलचस्प होगा कि उन दंगों में भी जहाँ सिर्फ मुसलमान सांप्रदायिक हिंसा के शिकार हुए वहाँ भी पुलिस फायरिंग में हिंदुओं के मुकाबले उन्हीं का नुकसान हुआ।

चार्ट

दंगे का नाम	पुलिस गोलीबारी में मारे गए लोगों की संख्या	
	हिंदू	मुस्लिम
भिवंडी (1970)	0	9
फिरोज़ाबाद (1972)	0	6
अलीगढ़ (सित.-अक्तू. 1978)	0	7
मेरठ (1982)	0	6

दंगों से निपटते समय पुलिस के हिंदू और मुस्लिम जनसंख्या के साथ

अलग-अलग व्यवहार के पीछे छिपे कारणों की तलाश बहुत मुश्किल नहीं है। एक औसत पुलिसकर्मी का व्यवहार उन तमाम पूर्वाग्रहों और भ्रांतियों से संचालित होता है, जिनका प्रभाव एक औसत हिंदू के सोच को निर्मित करने में निर्णायक भूमिका निभाता है। एक औसत हिंदू की तरह एक औसत पुलिसकर्मी भी यह मानता है कि मुसलमान आमतौर से स्वभावतः क्रूर और हिंसक होता है। अपने अध्ययन के दौरान मैंने बड़ी संख्या में विभिन्न ओहदों पर काम करनेवाले पुलिसकर्मियों से बातचीत की। इनमें कांस्टेबिल से लेकर वरिष्ठ पदों पर कार्यरत आई.पी.एस. अधिकारी शरीक थे। मुझे यह देखकर आश्चर्य हुआ कि उनमें से अधिकांश की धारणा थी कि मुसलमान क्रूर और हिंसक होने के साथ-साथ अविश्वसनीय, राष्ट्रविरोधी और कठमुल्ला नेतृत्व से प्रभावित समूह है, तो तनिक से उकसावे पर दंगा शुरू कर सकता है।

अध्ययन के दौरान मैंने पाया कि पुलिसकर्मी आमतौर से इस बात पर एकमत थे कि दंगा मुसलमान शुरू करते हैं। मेरे द्वारा उन्हें इस तथ्य से वाकिफ कराए जाने पर कि दंगों में मुसलमान ही अधिक मरते हैं, फिर वे दंगा क्यों शुरू करेंगे, उनके पास भी वे सारे तर्क थे, जिनका आम हिंदू प्रयोग करता है। मसलन, हिंदुओं के स्वभावतः सहिष्णु और उदार होने तथा दंगों के मुस्लिमबहुल इलाकों में शुरू होने वाले तर्क, जिनके बारे में पिछले अध्याय में विस्तार से चर्चा की गई है।

यह स्वाभाविक ही है कि एक बार इस बारे में मन में कोई शंका न रह जाने के बाद कि दंगा मुसलमानों की शरारत से प्रारंभ हुआ है, उसे रोकने के उपाय के बारे में भी अधिकांश पुलिसकर्मियों के मन में कोई संशय नहीं रहता। वे मानते हैं कि दंगा रोकने का एक ही तरीका है कि 'शरारती' मुसलमानों को कुचल दिया जाए। जब कभी सरकार या वरिष्ठ अधिकारियों की ओर से सख्ती बरतने का आदेश दिया जाता है तो बिना किसी विवाद के यह मान लिया जाता है कि इस सख्ती का मतलब मुसलमानों के साथ सख्ती है। सख्ती के विभिन्न स्वरूपों में गिरफ्तारी का मतलब मुसलमानों की गिरफ्तारी, तलाशी का मतलब मुसलमानों के घरों की तलाशी और पुलिस फायरिंग का मतलब मुसलमानों पर फायरिंग होता है।

हमारे अवचेतन पर पूर्वाग्रह कितना गहरा असर डालते हैं और हमारा आचरण किस कदर उनसे प्रभावित होता है, इसका एक बड़ा उदाहरण सांप्रदायिक हिंसा के दौरान पुलिसकर्मियों के आचरण में मिलता है। उन दंगों में भी, जहाँ पहले क्षण से ही मुसलमानों की क्षति शुरू हो गई थी और जिनमें हिंदुओं के

मुकाबले बहुत बड़ी संख्या में मुसलमान मारे गए, उनमें भी कार्यरत रह चुके पुलिसकर्मियों से बात करने पर बड़ी दिलचस्प मानसिकता सामने आई। दंगे के दौरान तो वे मानते ही रहे कि सारी शरारत के पीछे मुसलमानों का हाथ है, दंगा समाप्त होने के काफी दिनों बाद भी, जब यह स्पष्ट हो गया कि दंगे में क्षति किसकी हुई, उनके पास यह सिद्ध करने के लिए 'अकाट्य' सबूत थे कि दंगे की पूरी जिम्मेदारी मुसलमानों की थी। भागलपुर (1989) तथा बंबई (1992-93) के दंगों में कार्यरत कुछ पुलिसकर्मियों से बात करने पर मुझे लगा कि मुसलमान क्रूर और हिंसक होते हैं यह बात उनकी मानसिक बनावट में इतने गहरे बैठी हुई है कि मुसलमानों के जान-माल के नुकसान को तथ्यतः स्वीकार करने के बाद भी उनके पास इस तथ्य को साफ नकार देने के बहुत-से कारण थे कि मुसलमानों के नुकसान के लिए किसी भी रूप में हिंदू उत्तरदायी थे।

बहुसंख्यक पुलिसकर्मियों की यह मानसिकता ही उस प्रतिक्रिया के लिए उत्तरदायी है, जिसके तहत दंगों से निपटती हुई पुलिस अल्पसंख्यक समुदाय को शत्रु और बहुसंख्यक समुदाय को मित्र लगने लगती है। उत्तर भारत के नगरों में यह एक आम दृश्य है कि तनाव के दिनों में बाहर से भेजा जानेवाला पुलिस बल मंदिरों, धर्मशालाओं, हिंदुओं के रिहायशी इलाकों के पार्कों अथवा हिंदुओं के खाली मकानों-दुकानों में ठहरता है। कर्फ्यू के दौरान जब दुकानें बंद होती हैं, उन्हें हिंदुओं के घरों से खाने-पीने का सामान बनाकर भेजा जाता है। आम दिनों में पुलिस से अल्पसंख्यकों की ही तरह दूरी बनाए रखने का प्रयास करने वाले बहुसंख्यक सांप्रदायिक तनाव के दिनों में पुलिस में अपना मित्र तलाश लेते हैं। मित्र होने के कारण पुलिस से उनकी यह अपेक्षा स्वाभाविक ही होती है कि पुलिस उनके विरुद्ध बल-प्रयोग नहीं करेगी। यदि कहीं पुलिस उनके ऊपर बल-प्रयोग करती है तो उनकी प्रतिक्रिया एक चकित और छले गए व्यक्ति जैसी होती है।

भागलपुर (1989) के दंगों के दौरान पुलिस उप-महानिरीक्षक श्री अजीत दत्त द्वारा दर्ज कराई गई प्रथम सूचना रिपोर्ट (एफ.आई.आर.) इस मानसिकता का बड़ा सटीक वर्णन करती है। यह प्रथम सूचना रिपोर्ट परिशिष्ट 'ग' पर संलग्न है। यदि हम इसे पढ़ें तो यह दिलचस्प तथ्य सामने आता है कि किस तरह कानून तोड़कर सड़क पर मौजूद हिंदुओं की भीड़ दत्त द्वारा गोली चलाने की चेतावनी देने पर विस्मय से भर उठी और लोगों की आँखों से विस्मय छलकने लगा। इस संदर्भ में मुझे अपना एक व्यक्तिगत अनुभव याद आता है। इलाहाबाद (1980) में गाड़ीवान टोला नामक एक

मोहल्ले में दंगे पर उतारू एक हिंदू भीड़ को फायरिंग की चेतावनी देने पर मैंने पाया कि पहले तो उसने इस चेतावनी को मजाक के रूप में लिया, पर बाद में जब मैंने एक हवलदार को स्पष्ट रूप से फायर खोलने का हुक्म दिया तब तितर-बितर होती हुई भीड़ की आँखों में स्पष्ट रूप से अविश्वास और विस्मय का भाव दिखाई दे रहा था।

गहराई से अवचेतन में बैठी हुई यह धारणा कि दंगों के लिए सिर्फ मुसलमान जिम्मेदार होते हैं और उन्हें रोकने का एकमात्र उपाय मुसलमानों के साथ सख्ती ही है, कभी-कभी इस सख्ती को क्रूरता की त्रासद हदों तक ले जाती है। यद्यपि इस तरह के उदाहरण हर प्रदेश में अलग-अलग दंगों में मिल जाएँगे पर यहाँ सिर्फ नमूने के तौर पर एक ही उदाहरण दिया जा रहा है। यह उदाहरण अपनी भयावहता और क्रूरता में एक राष्ट्रीय शर्म के रूप में पेश किया जा सकता है।

1987 में मेरठ में भयानक दंगे हुए जो रुक-रुककर कई महीनों तक चलते रहे। इन दंगों के पीछे पिछले कुछ दिनों से मेरठ में व्याप्त सांप्रदायिक तनाव और छिटपुट हिंसक घटनाएँ थीं। दिनांक 17 मई, 1987 से बड़े पैमाने पर हिंसा की घटनाएँ भड़क उठीं। हिंसा कितने बड़े पैमाने पर घटित हो रही थी, इसका अनुमान इसी से लगाया जा सकता है कि इसे दबाने के लिए बाहर से 50 से अधिक राजपत्रित पुलिस अधिकारी और मैजिस्ट्रेटों के अतिरिक्त पी.ए.सी., सेना तथा अर्द्ध-सैनिक बलों की 70 से अधिक कंपनियाँ उपद्रवग्रस्त क्षेत्र में झोंक दी गई थीं। इतने बड़े बंदोबस्त के बावजूद दंगों पर कई महीनों में काबू पाया जा सका।

इस दंगे से निपटनेवाले पुलिसकर्मी किस तरह से उपरोक्त पूर्वाग्रहों से ग्रस्त थे इसका उदाहरण हाशिमपुरा की घटना में मिलता है। दंगा शुरू होने के पाँच दिन बाद अर्थात् 22 मई को दिन में सेना, पी.ए.सी. और पुलिस ने हाशिमपुरा मोहल्ले में तलाशियाँ लीं। हाशिमपुरा मेरठ शहर के मध्य में बसा एक मुस्लिम बहुल इलाका है, जिसमें काफी बड़ी संख्या में करघों पर काम करने वाले बुनकर रहते हैं। इन बुनकरों में भी एक अच्छी संख्या रोजगार की तलाश में आए बिहारी बुनकरों की है। तलाशी के दौरान मुसलमानों को उनके घरों से निकालकर बाहर बैठा लिया गया और फिर उनमें से छाँट-छाँटकर नौजवानों को एक किनारे इकट्ठा किया गया। इन नौजवानों को पी.ए.सी. के एक ट्रक में हाशिमपुरा से सीधे गाजियाबाद की तरफ ले जाया गया। मेरठ गाजियाबाद के लगभग मध्य में स्थित मुरादनगर

कस्बे की शुरुआत के पहले पड़नेवाली गंगनहर पर मुख्य सड़क से हटकर, नहर की पट्टी पर कुछ किलोमीटर अंदर ले जाकर, पी.ए.सी. के जवानों ने ट्रक में चढ़े हुए लोगों को नीचे उतरने का हुक्म दिया। कुछ के नीचे उतरते ही उन्होंने उन्हें अपनी थ्री नॉट थ्री की राइफलों से भूनकर नहर में फेंकना शुरू कर दिया। संभवतः गोलियों की आवाज सुनकर गाँववाले वहाँ इकट्ठे होने लगे थे या फिर बचे हुए लोगों ने आसन्नमृत्यु से डरकर ट्रक से उतरने से इनकार कर दिया, इसलिए उन जीवित लोगों को लेकर यह ट्रक फिर गाजियाबाद की ओर भागा। गाजियाबाद जाने का एक कारण संभवतः यह था कि पी.ए.सी. की जिस टुकड़ी ने यह दुष्कृत्य किया था, वह इकतालिसवीं बटालियन की थी और उसका मुख्यालय गाजियाबाद में था, इसलिए वहाँ पहुँचकर वे ज्यादा सुरक्षित महसूस कर सकते थे। इकतालिसवीं बटालियन का मुख्यालय गाजियाबाद-दिल्ली सीमा पर राष्ट्रीय राजमार्ग पर स्थित है। यह ट्रक इस मुख्यालय से लगभग आधा किलोमीटर पहले कच्चे मार्ग पर उतर गया और मुख्य सड़क से थोड़ी दूर स्थित एक नहर पर जाकर रुका। वहाँ शेष बचे लोगों को घसीटकर ट्रक से उतारा गया और उन्हें भी गोली मारकर नहर में फेंक दिया गया। इस कार्यवाही के बाद ट्रक फिर तेजी से कच्चा रास्ता पार करते हुए बटालियन कैम्पस के अंदर भाग गया। वहाँ थोड़ी देर रुकने के बाद ट्रक और उसके सवार मेरठ चले गए, जहाँ उस समय वे ड्यूटी पर थे।

मैं इस घटना के दौरान गाजियाबाद का पुलिस अधीक्षक था। रात में लगभग साढ़े ग्यारह बजे इस घटना की सूचना मिलने पर मैं जिला मजिस्ट्रेट तथा अन्य अधिकारियों के साथ घटनास्थल पर पहुँचा। इस घटना में चमत्कारिक रूप से जिंदा बचे बाबूदीन ने हमें पूरी कहानी सुनाई। उससे बात करने के बाद मैं यह अंदाजा भी लगा सका कि उस ट्रक में पच्चीस-तीस लोग अवश्य रहे होंगे। मरनेवालों के संबंधियों और मोहल्लेवालों ने तो पहले यही सोचा था कि उन्हें थाने ले जाया जा रहा है। यह तो कर्फ्यू उठने के हफ्तों बाद सरकारी अधिकारियों और जेलों के चक्कर लगाने के बाद उन्हें यह अहसास हुआ कि उनके प्रियजन उस दुर्भाग्यपूर्ण दोपहरी को कानूनी तरीके से गिरफ्तार करके कहीं नहीं ले जाए गए, वरन कानून के रखवालों द्वारा ही कानून की धज्जियाँ उड़ाते हुए उनकी हत्या कर दी गई। मैंने थाना लिंक रोड और थाना मुरादनगर पर इस लोमहर्षक हत्याकांड की रपटें दर्ज करने का हुक्म दिया। 23 मई 1987 को दर्ज की गई इन रपटों के आधार पर आज

तक किसी अपराधी को दंडित नहीं किया जा सका है।

इतनी जघन्य और अमानवीय घटना पी.ए.सी. की टुकड़ी ने क्यों की ? मैंने 1987 में और फिर बाद में प्रस्तुत अध्ययन के दौरान बहुत से ऐसे पुलिसकर्मियों से बातचीत की जो इन दंगों के समय मेरठ में तैनात थे। मैंने यह जानने की कोशिश की कि आखिर वह कौन-सी भावना थी, जिसने उन्हें ऐसी हरकत के लिए प्रोत्साहित किया ? क्या यह धार्मिक दुर्भावना थी, जिसने उनसे ये नृशंस हत्याएँ कराईं या कोई और बात थी, जिसके वशीभूत होकर वे राक्षस हो गए थे ?

इन पुलिसकर्मियों के मनोविज्ञान का विश्लेषण हमें दूसरे स्थानों पर भी पुलिस और अल्पसंख्यकों के रिश्तों को परिभाषित करने में हमारी मदद करेगा। 1987 में मेरठ में तैनात अधिकांश पुलिसकर्मी यह मानते थे कि दंगा मुसलमानों की शरारत से हो रहा है। वे यह भी सोचते थे कि मुसलमानों का दिमाग चढ़ जाने से मेरठ मिनी पाकिस्तान बन गया है और यहाँ स्थायी शांति कायम करने के लिए मुसलमानों को सबक सिखाना आवश्यक है वे उन अफवाहों से भी बुरी तरह प्रभावित हुए थे, जिनके अनुसार मेरठ के हिंदू पूरी तरह से असुरक्षित थे और मुसलमान उन्हें चैन से रहने नहीं दे रहे थे। मेरठ के कर्फ्यूग्रस्त इलाकों के बाहर मुजफ्फरनगर, गाजियाबाद और बुलंदशहर जैसे नगरों तथा आसपास के ग्रामीण क्षेत्रों में मेरठ में पूरे-पूरे हिंदू मोहल्लों के नष्ट हो जाने, हिंदू स्त्रियों के स्तन काट लिए जाने या मुसलमानों द्वारा बच्चों को जिंदा आग में झोंक दिए जाने जैसी अफवाहें जोर-शोर से फैली हुई थीं। बाद में ये अफवाहें झूठी साबित हुईं, पर मुसलमानों को स्वभावतः क्रूर और हिंसक मानने वाले हिंदू मन ने आसानी से इन्हें सही मान लिया था।

मेरठ में नियुक्त पुलिसकर्मी भी इन अफवाहों से बुरी तरह प्रभावित थे। वे भी यह मानते थे कि सारी शरारत मुसलमानों की थी और उन्हें सबक सिखाना जरूरी था। हाशिमपुरा वस्तुतः सबक सिखाने की इसी प्रक्रिया का एक अंग था।

हाशिमपुरा उन बहुत सारी घटनाओं में से एक है, जिनसे हमारे देश में अल्पसंख्यकों और पुलिस के संबंध शत्रुतापूर्ण बने हैं। इन शत्रुतापूर्ण संबंधों का प्रभाव हमें सांप्रदायिक तनाव के दौरान साफ दिखाई पड़ता है। अक्सर तनाव के क्षणों में पुलिस की उपस्थिति मुसलमानों में एक आक्रामक प्रतिक्रिया को जन्म देती है। बंबई में दिसंबर 1992 में बाबरी मस्जिद के ध्वंस के बाद मुसलमानों ने इक्का-दुक्का पुलिसवालों पर हमले किए और कुछ को मार भी

डाला। कुछ दंगे ऐसे भी हुए हैं, जिनमें शुरुआत तो पुलिस-मुस्लिम संघर्ष से हुई और बाद में वे हिंदू-मुस्लिम संघर्ष में बदल गए। मुरादाबाद (1980) का दंगा इसका सबसे बड़ा उदाहरण है।

मुसलमानों से शत्रुतापूर्ण संबंधों का सबसे रोचक उदाहरण सांप्रदायिक तनाव के दौरान किसी पुलिस टुकड़ी के मुस्लिम इलाकों में तलाशी या गिरफ्तारियों के लिए जाने पर दिखाई पड़ता है। इस टुकड़ी की तैयारी, सतर्कता, हथियार या ब्रीफिंग इस तरह की होती है, जैसे वे किसी शत्रु के इलाके में प्रवेश करने जा रहे हों। मेरा ऐसी कई टुकड़ियों से साबका पड़ा है और मैंने हमेशा उन्हें ऐसे शंकित और डरे हुए लोगों का समूह पाया है जो पूरी सावधानी के साथ 'शत्रु' के इलाके में प्रवेश करना चाहता है। यह सावधानी अनावश्यक भी नहीं है। उन पर कभी भी हमला हो सकता है। पर इस परस्पर अविश्वास के लिए जिम्मेदार कौन है ? इस स्थिति के बीज पुलिस कंट्रोल रूम या थानों में शांति और व्यवस्था के लिए बैठकें कर रहे पुलिस अधिकारियों द्वारा मुसलमानों और हिंदुओं के लिए प्रयुक्त होनेवाले शब्द 'वे' तथा 'हम' में छिपे हुए हैं।

पाँच

तथ्यों की रिपोर्टिंग करते समय भी पुलिस के व्यवहार का एक ऐसा पहलू उजागर होता है, जिस पर सांप्रदायिक पूर्वाग्रहों की छाप बड़ी स्पष्ट दिखाई पड़ती है। यह रिपोर्टिंग कई स्तरों पर होती है। पुलिस थानों से लेकर अभिसूचना विभाग (इंटेलिजेंस यूनिट) तक तैयार होनेवाले रिकार्डों तथा उच्च अधिकारियों और शासन को भेजी जानेवाली रिपोर्टों तक सूचना-संग्रह और प्रसारण के कई स्तर हैं, जहाँ ये पूर्वाग्रह काम करते हैं। मसलन, उत्तर प्रदेश पुलिस में रहते हुए मुझे विभिन्न स्तरों पर रखे जानेवाले सांप्रदायिक तत्त्वों से संबंधित रिकार्डों में एक दिलचस्प चीज देखने को मिली। अधिकांश स्तरों पर सांप्रदायिक गुंडों या सांप्रदायिकता फैलानेवाले तत्त्वों की सूची का मतलब मुस्लिम सांप्रदायिकता में लिप्त लोगों से है। उन दिनों भी जब रामजन्म-भूमि आंदोलन के माध्यम से बड़े पैमाने पर हिंदू सांप्रदायिक शक्तियाँ सक्रिय थीं, असामाजिक तत्त्वों की फेहरिश्तों में हिंदू सांप्रदायिक तत्त्वों का नाम बताना मुश्किल होता था। संभवतः इसके पीछे भी वही भावना है, जिसके तहत यह माना जाता है कि सांप्रदायिक होना मुसलमानों का विशेषाधिकार है और हिंदू तो आमतौर से असांप्रदायिक होता है।

रिपोर्टिंग के स्तर पर पूर्वाग्रह पेशेवर निपुणता को कितनी क्षति पहुँचा सकते हैं, इसका सबसे बड़ा उदाहरण बाबरी मस्जिद के ध्वंस में मिलता है। सी.बी.आई. द्वारा दायर आरोपपत्र से यह बात सामने आती है कि मस्जिद तोड़ने के लिए पहले से न सिर्फ योजना बनाई गई थी, बल्कि तैयारियाँ भी की गई थीं। इसके बरखिलाफ घटनापूर्ण रिपोर्टों में लगभग सभी खुफिया एजेंसियों ने यह मत व्यक्त किया था कि मस्जिद को कोई नुकसान नहीं पहुँचाया जाएगा और वहाँ हिंदुत्ववादी शक्तियों द्वारा की जानेवाली कारसेवा सिर्फ प्रतीकात्मक होगी।

तथ्यों को छिपाने तथा तोड़-मरोड़कर पेश करने का एक जघन्य उदाहरण हमें भागलपुर (1989) के दंगों के दौरान भी मिलता है। 27 अक्टूबर, 1989 को लोगायँ गाँव में 116 मुसलमान मारे गए। इन सभी की हत्या नृशंस तरीके से लोगायँ गाँव और आस-पास के गाँवों से आए हिंदुओं ने की। लोगायँ गाँव भागलपुर जिला मुख्यालय से लगभग 26 किलोमीटर तथा अपने थाना जगदीशपुर से लगभग 4 किलोमीटर दूर है। मारे गए 116 मुसलमानों को अलग-अलग गड्ढों में दबा दिया गया। गाँव की कुल 181 की मुस्लिम आबादी में से जीवित बचे 65 लोग जान बचाकर अलग-अलग स्थानों पर भाग गए, जिनमें से कुछ भागलपुर शहर भी पहुँचे। हमलावर भी भिन्न-भिन्न स्थानों के थे। वे भी हत्याकांड के बाद अलग-अलग स्थानों पर गए। दोनों वर्गों के फैलाव के साथ इस लोमहर्षक कांड की खबरें भी फैलीं और राष्ट्रीय तथा स्थानीय अखबारों में भी छपीं। इसके बावजूद भागलपुर का जिला प्रशासन ऐसी किसी घटना से तब तक इनकार करता रहा, जब तक अजीत दत्त नामक एक पुलिस उप-महानिरीक्षक ने गोभी बोये खेतों में से 8 दिसंबर, 1989 को लाशें निकलवाने का काम शुरू नहीं कर दिया।

भिवंडी, जलगाँव (1970) के दंगों की जाँच कर रहे न्यायमूर्ति मदान कमीशन ने रिपोर्टिंग के दौरान प्रदर्शित सांप्रदायिक मनोवृत्ति के कई उदाहरण गिनाए हैं। भिवंडी में दंगा भड़क उठने के बाद भी जलगाँव में पर्याप्त सावधानी न बरते जाने के संबंध में न्यायमूर्ति मदान की राय बड़ी स्पष्ट है :

'अधिकारियों द्वारा उठाए गए कदमों की अपर्याप्तता के पीछे मुख्य कारण कुछ अधिकारियों की सांप्रदायिक मनोवृत्ति और कुछ की नालायकी थी''दुर्भाग्य से पुलिस अधीक्षक एस.टी. रमन का मस्तिष्क सांप्रदायिकता से भरपूर था और संभवतः वह जनसंघ की तरफ आकृष्ट था। उसकी अपनी

रिपोर्टों और जलगाँव सिटी पुलिस थाने के प्रभारी इंसपेक्टर सावंत की रिपोर्टों पर उसकी टिप्पणियों से यह स्पष्ट है कि वह मामले की नज़ाकत से पूरी तरह से वाकिफ था। इसके बावजूद उसने आँखें मूँद रखना उचित समझा, यहाँ तक कि 29 मार्च, 1970 की अपनी रिपोर्ट के द्वारा सरकार और पुलिस महानिरीक्षक को गुमराह करने की कोशिश की।'[1]

रिपोर्टिंग में इसी तरह का सांप्रदायिक भेदभाव यह आयोग पुलिस उप-निरीक्षक (पी.एस.आई.) भालेराव के आचरण में भी पाता है, जिसके कारण हिंदुओं द्वारा पथराव की घटनाएँ पुलिस थाने में दर्ज नहीं हो पाईं। खुफिया विभाग के अधिकारियों ने भी इस दंगे को लेकर इसी मनोवृत्ति का परिचय दिया। पी.एस.आई. बड़गूजर ने डी.आई.जी. आई.एन.टी.टी. को भेजी गई रिपोर्ट में यह एकदम गलत तथ्य अंकित किया कि दंगा मुसलमानों द्वारा हिंदुओं के घरों पर जलती मशालें फेंकने से शुरू हुआ।[2]

अहमदाबाद (1969) में मुसलमानों की क्षति का अंदाज सिर्फ इस तथ्य से लगाया जा सकता है कि आधिकारिक रूप से कुल 512 मरनेवालों में से 430 मुसलमान थे और 24 हिंदू। इसी प्रकार बलवे में नष्ट 7000 के लगभग दुकानों और मकानों में 6500 से अधिक मुसलमानों के थे। स्वाभाविक था, मुसलमानों को इतनी बड़ी क्षति पहुँचाने के लिए सांप्रदायिक हिंदू संगठनों ने काफी पहले से तैयारी की होगी। दंगों से संबंधित मुकदमों की तफतीश करनेवाली एजेंसियों के आचरण में भी सांप्रदायिक पूर्वाग्रह की प्रवृत्ति साफ दिखाई देती है। ऊपर हाशिमपुरा (मेरठ—1989) का जिक्र आया है, जिसमें एक बहुत ही जघन्य और पेशागत दुराग्रह के मामले में अप्रतिम मुकदमे में तफतीश पूरी करने में उत्तरप्रदेश की सी.आई.डी. को आठ वर्ष लग गए। सन् 1984 में हुए सिक्ख विरोधी दंगों की तफतीशें सांप्रदायिक पूर्वाग्रह के दूसरे उदाहरण के रूप में ली जा सकती हैं। इनमें से अधिकतर में विभिन्न राज्यों के पुलिस संगठन दोषियों के विरुद्ध मुकदमे चलाने में सफल नहीं हुए हैं।

इस संबंध में लालबहादुर शास्त्री राष्ट्रीय प्रशासनिक अकादमी, मसूरी का एक अध्ययन बहुत ही दिलचस्प है। मेरठ (1982) में दंगों के दौरान जो प्रथम सूचना रिपोर्टें दर्ज हुई थीं, उनमें 18 हत्या अथवा हत्या के प्रयास से

1. मदान जाँच आयोग, रिपोर्ट, पृ. 160
2. वही, पृ. 107-108

संबंधित थीं। ये सबसे गंभीर धाराएँ मानी जा सकती हैं, क्योंकि अन्य मुकदमे अपेक्षाकृत छोटे अपराधों अथवा निरोधात्मक कार्यवाहियों से संबंधित थे। इन 18 प्रथम सूचना रिपोर्टों को दो भागों में बाँटने की कोशिश की गई। प्रथम भाग में वे मुकदमे रखे जिनमें कथित रूप से मुसलमान हमलावर थे और दूसरे वे मामले थे, जिनमें हिंदुओं के हमलावर होने की आशंका थी। दोनों मामले में गिरफ्तारियों का आँकड़ा इस प्रकार है :

चार्ट

जिन मामलों में कथित रूप से मुसलमान हमलावर थे				**जिन मामलों में कथित रूप से हिंदू हमलावर थे**			
गिरफ्तार		**मृत**		**गिरफ्तार**		**मृत**	
हिंदू	मुस्लिम	हिंदू	मुस्लिम	हिंदू	मुस्लिम	हिंदू	मुस्लिम
23	232	2	0	0	0	0	7

मदान आयोग ने भिवंडी के दंगों की तफतीश करनेवाले विशेष तफतीशदल को सांप्रदायिक पूर्वाग्रह का एक ज्वलंत उदाहरण बताया है। इस दल ने दंगों के पीछे मुसलमानों के षड्यंत्र के आरोप का मखौल उड़ाते हुए उसको पूरी तरह से अस्वीकार करने योग्य पाया। आयोग ने ऐसे बहुत-से उदाहरण गिनाए हैं जिनमें अनुसंधानकर्ताओं ने हिंदू अपराधियों को बचाने की कोशिश की थी अथवा मुसलमानों के खिलाफ झूठे साक्ष्य गढ़ने का प्रयास किया था। आयोग को ऐसे भी बहुत से उदाहरण मिले थे, जिनमें दुर्भावना के तहत सरकारी दस्तावेजों में छेड़छाड़ की गई थी।

गिरफ्तार व्यक्तियों के साथ किए गए व्यवहार में भी सरकारी एजेंसियों के आचरण में काफी सांप्रदायिक दुराग्रह झलकता है। किसी भी सभ्य समाज में यह एक स्वीकृत परंपरा है कि जैसे ही कोई व्यक्ति गिरफ्तार किया जाता है, यह राज्य का कर्तव्य बन जाता है कि वह उसके जीवन की रक्षा करे और उसके मानवीय अधिकारों के तौर पर उसे वे सारी सुविधाएँ प्रदान करे, जिसका वह पात्र है। यह एक दुर्भाग्यपूर्ण तथ्य है कि पुलिस एवं जेल-अधिकारियों द्वारा कैदियों के मूलभूत मानवीय अधिकारों के उल्लंघन के बेशुमार उदाहरण मिलते हैं और ये उल्लंघन केवल सांप्रदायिक दुराग्रह की वजह से ही संभव हुए हैं। इस तथ्य को उजागर करने के लिए केवल कुछ उदाहरण ही पर्याप्त होंगे।

ऊपर हाशिमपुरा के दंगों के बारे में विस्तार से चर्चा की गई है। उन दंगों में हिरासत में लिए बहुत-से लोगों की नृशंस हत्या पी.ए.सी. द्वारा सिर्फ इसलिए कर दी गई थी, क्योंकि वे मुसलमान थे। मेरठ (1987) के उन्हीं दंगों के दौरान जब गिरफ्तार मुसलमानों को केंद्रीय जेल फतेहगढ़ ले जाया गया, तो उनके ऊपर जेल के कर्मचारियों एवं वहाँ बंद दूसरे कैदियों द्वारा हमला किया गया, जिसमें छह मुसलमान मारे गए। कोई यह विश्वास नहीं करेगा कि इन असहाय बंदियों पर जेल के कैदियों ने हमला जेल कर्मचारियों के भड़कावे के बगैर किया होगा।

कैदियों के साथ व्यवहार में सांप्रदायिक दुर्भावना को समझने में मदान आयोग की रिपोर्ट के कुछ अंश एक बार पढ़ना उचित होगा। इस आयोग के सामने जो गवाहियाँ गुजरीं उनसे आयोग निम्नलिखित निष्कर्षों पर पहुँचा :

1. कुछ मुस्लिम कैदियों की गिरफ्तारी के दौरान और बाद में पुलिस हिरासत में पिटाई की गई।
2. सात और आठ मई 1970 को कैदियों को कोई खाना और पानी नहीं दिया गया।
3. मुस्लिम संगठनों द्वारा आरोप लगाया गया कि इन कैदियों को भिवंडी थाने के बाहर सड़क पर बिना किसी छाया के धूप में ही बैठने पर मजबूर किया गया।
4. खाना और पानी बाँटते समय हिंदू और मुस्लिम कैदियों के बीच भेदभाव किया गया।

अधिकारियों द्वारा फायर ब्रिगेड के वाटर टैंकरों को कैदियों के लिए पानी लाने में इस्तेमाल न किए जाने के पीछे जो सोच काम कर रही थी, वह यह थी कि कैदियों में अधिकतर मुसलमान थे। तालुका पुलिस थाने में लगे नल से पानी पीने के लिए हिंदू कैदियों को पूरी स्वतंत्रता दी गई।

तेलीचेरी दंगों (1971) की जाँच करनेवाले न्यायमर्ति जोसफ विथायथल ने अपनी जाँच रिपोर्ट में दंगों से निपटनेवाले पुलिसकर्मियों के आचरण में सांप्रदायिक दुराग्रह को विस्तार से रेखांकित किया है। उनकी कुछ टिप्पणियों को यहाँ बगैर किसी व्याख्या के उद्धृत करना उचित होगा :

> 236. उप-पुलिस अधीक्षक की सतर्कता का एक दूसरा कारण भी हो सकता था। उसे मुसलमानों के प्रति हिंदू पुलिसकर्मियों

के सोच का पता था। अपने बयान में उसने कहा कि गश्त लगाते समय उसे कुछ पुलिसकर्मियों को उस समय नियंत्रित करना पड़ता था जो मुसलमानों को सड़क पर देखकर अपना आपा खो देते थे। सब-कलक्टर ने भी इसी तरह का बयान दिया था। (पीआईएसडब्ल्यू 1. पी. 13)। कुछ गवाहों ने बताया कि सड़क पर मौजूद मुसलमानों को खदेड़ते समय कुछ पुलिसकर्मियों ने उन्हें पाकिस्तान जाने के लिए ललकारा। मट्टाम्बरम् में इनमें से कुछ मस्जिद में घुस गए और न सिर्फ उन्होंने एक बहुत सम्मानित व्यक्ति उस्मान कुट्टी हाजी (पी. डब्ल्यू. 6) की पिटाई की, बल्कि मस्जिद की ट्यूब लाइट और झाड़-फानूस भी तोड़ डाले। उनके इस कृत्य को न्यायसंगत ठहराने के पक्ष में कोई भी तथ्य सामने नहीं आया।

245. दंगों के तीसरे दौर के कुछ भुक्तभोगियों और प्रत्यक्षदर्शियों ने सशपथ यह बयान दिया कि जब यह दंगा हुआ तो पास खड़े पुलिसकर्मियों ने दंगों को रोकने अथवा उसमें भाग लेनेवालों को गिरफ्तार करने के लिए कुछ भी नहीं किया। (पी. 28 डब्ल्यू. 1) के.पी. कादर का कहना था कि जब उसके घर पर हमला हुआ और लूटपाट चल रही थी तो वहाँ से दस-पंद्रह गज की दूरी पर चार-पाँच पुलिसकर्मी सड़क पर खड़े थे। (पी. 27 डब्ल्यू. 2) के.पी. राघवन् ने बताया कि दोपहर के वक्त जब पोन्नियम् में मुस्लिम घरों पर हमला हुआ तो उसने पानुर थाने में जाकर इसकी इत्तला दी, लेकिन पुलिस घटनास्थल पर पाँच बजे पहुँची और तब तक सड़क के किनारे के सभी मुस्लिम घर लूटे जा चुके थे। (पी. 1 डब्लूय. 1) श्री रामदास ने बताया कि जब उसने थिरुवाड गड की आयशा मंजिल पर हमला होते देखा तब उसने पुलिस को फोन किया, लेकिन कोई पुलिस दल घटनास्थल पर नहीं आया। जब पी. पी. मंजिल जलकर खाक हो रही थी, तो जीप में सवार कुछ पुलिसकर्मी वहाँ आए और गवाह ने उन्हें जीप रोककर जले हुए मकान का मुआयना करने को कहा। उन्होंने जीप रोकने से इनकार कर दिया।

मदान आयोग तथा जोसफ विथायथल जाँच आयोग के ये निष्कर्ष

दुर्भाग्यवश सांप्रदायिक तनाव की ज्यादातर स्थितियों पर लागू होते हैं। यह केवल कामना ही की जा सकती है कि सांप्रदायिक दुराग्रह की ये घटनाएँ कानून एवं व्यवस्था लागू करनेवाली मशीनरी के आचरण में एक सहज सामान्य तथ्य की जगह अपवादस्वरूप उपस्थित हों।

5

अध्ययन के मुख्य निष्कर्ष

इस अध्ययन के मुख्य निष्कर्ष निम्नलिखित हैं :

(क) अधिकांश दंगों में पुलिस का व्यवहार पक्षपातपूर्ण रहा है। इस अध्ययन में वर्णित सभी दंगों में पुलिस ने कानून और व्यवस्था लागू करनेवाली तटस्थ संस्था से अधिक एक 'हिंदू' बल के रूप में कार्य किया।

(ख) बल-प्रयोग, निरोधात्मक गिरफ्तारियों, कर्फ्यू लागू करने, पुलिस थानों में व्यक्तियों के साथ व्यवहार, तथ्यों की रिपोर्टिंग तथा दंगे के दौरान दर्ज मुकदमों की तफतीश और पैरवी में पुलिस के आचरण में स्पष्ट भेदभाव दिखाई देता है। इन सारे प्रसंगों में मुसलमान ही ज्यादती के शिकार होते हैं।

(ग) सांप्रदायिक संघर्ष के दौरान पुलिस को लेकर हिंदुओं और मुसलमानों की धारणाएँ एक-दूसरे के नितांत विपरीत होती हैं। दंगों के दौरान हिंदू जनता पुलिसकर्मियों को अपना मित्र एवं रक्षक पाती है, जबकि समान स्थितियों में अधिकांश मुसलमान उन्हें अपने शत्रु-रूप में पाते हैं।

(घ) औसत पुलिसकर्मी पुलिस-बल में प्रवेश के समय अपने पूर्वाग्रह और दुराग्रह नहीं छोड़ पाता है और यह सांप्रदायिक हिंसा के दौरान मुसलमानों के प्रति उसके व्यवहार से साफ-साफ झलकता है।

(च) भारतीय समाज एक औसत पुलिसकर्मी से सांप्रदायिक अपेक्षाएँ रखता है। पुलिसकर्मी को अपने समुदाय के हितों के रक्षक के रूप में देखा जाता है।

(छ) आपस का शत्रुतापूर्ण संबंध पुलिस और मुस्लिम समुदाय दोनों को संघर्ष की स्थिति में उत्तेजनात्मक प्रतिक्रिया के लिए मजबूर करता है।

2. सुझाव

राज्य की तरफ से यदि सबल प्रतिरोध न हो तो सांप्रदायिकता एक ऐसा मर्ज है जो समाज के सभी हिस्सों को प्रभावित करता है। नौकरशाही के वे तबके भी, जिनसे यह अपेक्षा की जाती है कि वे सांप्रदायिकता के विरुद्ध संघर्ष करेंगे, समाज के दूसरे तबकों की तरह अपने पूर्वाग्रहों एवं दुराग्रहों से मुक्त नहीं हो पाते। यह बहुत अस्वाभाविक भी नहीं है। कानून और व्यवस्था लागू करनेवाली मशीनरी के विभिन्न पुर्जे भी इसी समाज के विभिन्न तबकों से आते हैं। इसलिए यह बहुत अस्वाभाविक नहीं है कि सरकारी नौकरी में आने के बाद भी वे सांप्रदायिक दंगों और सामाजिक तनावों के बारे में अपना वह संकुचित दृष्टिकोण छोड़ नहीं पाते, जिसे इस समाज के सदस्य के रूप में उन्होंने निरंतर ग्रहण किया है। निस्संदेह, सुरक्षा बलों, खासतौर से पुलिस के संबंध में यह सच्चाई ज्यादा समस्या पैदा करनेवाली है।

पुलिस में सांप्रदायिकता की समस्या पर अंकुश लगाने और उसे इस ढंग से आचरण करने पर विवश करने के लिए, सामान्य जनता, खासतौर से अल्पसंख्यक समुदाय तटस्थ समझे, यह आवश्यक है कि सुधार के लिए कुछ बुनियादी कदम उठाए जाएँ। सबसे पहले भारतीय पुलिस के वरिष्ठ नेतृत्व

द्वारा यह स्वीकार किया जाना आवश्यक है कि सांप्रदायिक दंगों से निपटने में उनका प्रदर्शन गहरे आत्मावलोकन की माँग करता है। वे पक्षपात के आरोपों से स्वयं को दोषमुक्त घोषित कर सकते हैं, लेकिन इस तथ्य को झुठला नहीं सकते कि एक संस्था के रूप में भारतीय पुलिस को अल्पसंख्यकों का विश्वास हासिल नहीं है, और जैसा कि इस अध्ययन में हम पाते हैं, लगभग सारे सांप्रदायिक संघर्षों के दौरान पुलिस पर न सिर्फ मुस्लिम नेतृत्व द्वारा, बल्कि धर्मनिरपेक्ष मीडिया, सामाजिक कार्यकर्ताओं और मानवाधिकार संगठनों द्वारा हिंदू समर्थक पूर्वाग्रह प्रदर्शित करने के आरोप लगे हैं। भारतीय पुलिस की यह असफलता इस तथ्य की तरफ हमारा ध्यान आकर्षित करती है कि इस स्थिति से उबरने के लिए आवश्यक कदम न सिर्फ प्रभावी होने चाहिए, बल्कि उन्हें अब और अधिक टाला नहीं जा सकता।

इस अध्ययन के नतीजों से चार ऐसे क्षेत्र स्पष्ट रूप से उभरकर सामने आते हैं, जहाँ बुनियादी परिवर्तनों की फौरी आवश्यकता है। ये हैं—विभिन्न स्तरों पर पुलिस की भर्ती-नीति, प्रशिक्षण-हस्तक्षेप, पुलिस-नेतृत्व की जवाबदेही और सांप्रदायिकता से जूझने में सामान्य जन की भागीदारी। इन चारों का अलग-अलग विश्लेषण आवश्यक है।

1 पुलिस में अल्संख्यकों का प्रतिनिधित्व

यह एक दुर्भाग्यपूर्ण तथ्य है कि स्वतंत्रता के बाद विभिन्न पुलिस-बलों में अल्पसंख्यकों की भागीदारी में निरंतर कमी होती जा रही है। निम्नलिखित तालिका से यह स्पष्ट होता है कि सांप्रदायिक रूप से संवेदनशील राज्यों में भी पुलिस में अल्पसंख्यकों का प्रतिनिधित्व 5 प्रतिशत से भी कम है, जबकि इन राज्यों की जनसंख्या में अल्पसंख्यकों का प्रतिनिधित्व 12 प्रतिशत से 15 प्रतिशत, और कहीं-कहीं तो उससे भी अधिक है।

राज्य / केंद्रशासित प्रदेश	कुल पुलिस बल	मुसलमानों की संख्या	प्रतिशत
1. आंध्र प्रदेश	63,147	10,499	16.6
2. अरुणाचल प्रदेश	4,081	—	—
3. आसाम	43,990	3,936	8.9
4. बिहार	83,323	—	—

राज्य / केंद्रशासित प्रदेश	कुल पुलिस बल	मुसलमानों की संख्या	प्रतिशत
5. गोआ	2,535	73	2.9
6. गुजरात	63,092	3,897	6.2
7. हरियाणा	30,431	325	1.7
8. हिमाचल प्रदेश	1,746	163	1.4
9. जम्मू एवं कश्मीर	40,180	18,045	44.9
10. कर्नाटक	49,322	3,557	7.2
11. केरल	34,375	3,270	9.5
12. मध्यप्रदेश	88,673	3,720	4.2
13. महाराष्ट्र	1,58,543	6,633	4.2
14. मणिपुर	11,032	934	8.5
15. मेघालय	8,271	158	1.9
16. मिजोरम	5,152	699	13.6
17. नागालैंड	14,754	145	0.9
18. उड़ीसा	36,995	1,029	2.8
19. पंजाब	63,310	210	0.3
20. राजस्थान	57,167	3,221	5.6
21. सिक्किम	2,732	7	0.2
22. तमिलनाडु	69,021	3,024	4.4
23. त्रिपुरा	11,161	253	2.3
24. उत्तर प्रदेश	1,63,875	8,072	4.9
25. पश्चिम बंगाल	59,137	3,442	5.8
26. अंडमान-निकोबार द्वीप समूह	1,852	111	5.9
27. चंडीगढ़	4,086	06	0.1
28. दादरा एवं नागर हवेली	222	05	2.2
29. दमन एवं दीव	236	05	2.1
30. दिल्ली	50,798	1,160	2.3
31. लक्षद्वीप	359	163	45.4
32. पांडिचेरि	1,866	63	3.4

पुलिस के कार्यकारी दल में अल्पसंख्यकों के अपर्याप्त और कई बार शून्य प्रतिनिधित्व से उनके दृष्टिकोण के प्रति गहरी नासमझी तो उत्पन्न होती ही है, कई बार इससे उनके प्रति पुलिस की शत्रुतापूर्ण प्रतिक्रिया भी उपजती है। विभिन्न क्षेत्रों से पुलिस-बलों, खासतौर से सशस्त्र पुलिस-बलों जैसे पी. ए.सी., बी.एम.पी., एस.आर.पी. आदि में अल्पसंख्यकों को पर्याप्त प्रतिनिधित्व दिए जाने की माँग उठाई जाती रही है। इसके विरोध में न सिर्फ अतिवादी हिंदू संगठनों, बल्कि वरिष्ठ पुलिस अधिकारियों द्वारा भी बड़े मजेदार तर्क दिए जाते रहे हैं। इस संबंध में पी.ए.सी. की एक केस स्टडी हमें इस समस्या के विभिन्न आयामों और गंभीरता को समझने में मदद देगी। इस बल में अल्पसंख्यकों, खासतौर से मुसलमानों का प्रतिनिधित्व 3 या 4 प्रतिशत से अधिक नहीं रहा है। एक पी.ए.सी. बटालियन में आमतौर से आठ कंपनियाँ होती हैं। हर कंपनी में तीन प्लाटून और हर प्लाटून में तीन सेक्शन होते हैं। सामान्यतः पी.ए.सी. को एक सेक्शन से कम की शक्ति में तैनात नहीं किया जाता। सेक्शन में सात से नौ कर्मी होते हैं और दंगों के दौरान यह एक हेड कांस्टेबल के नेतृत्व में स्वतंत्र रूप से कार्य करता है। अधिकांश मौकों पर इस पर किसी भी अधिकारी का करीबी नियंत्रण नहीं होता। यदि हम औसत पी.ए.सी. बटालियन में मौजूद बहत्तर सेक्शनों का विश्लेषण करें तो हम पाएँगे कि इनमें साठ से पैंसठ सेक्शनों में एक भी मुस्लिम नहीं होता। फलस्वरूप हम इसे ऐसा आचरण करते हुए पाते हैं, जो काफी हद तक हिंदू पूर्वाग्रहों से ग्रस्त होता है।

वे लोग जो पी.ए.सी. में अल्पसंख्यकों के प्रतिनिधित्व को अनिवार्य करने का विरोध करते हैं, यह मानते हैं कि पी.ए.सी. देश के बेहतरीन सशस्त्र पुलिस-बलों में से एक है। बी.एस.एफ. और आई.टी.बी.पी. जैसे अर्धसैनिक बलों के जन्म अथवा केंद्रीय रिजर्व पुलिस बल के विस्तार से पहले यह सबसे अधिक उपयोग में आनेवाला बल था। कश्मीर से लेकर पूर्वोत्तर राज्यों तक इसका इस्तेमाल हुआ और हर मौके पर इसने प्रशंसनीय उदाहरण पेश किए। यह तर्क दिया जाता है कि इतने अच्छे बल को अनावश्यक रूप से न्यस्त स्वार्थी तत्त्वों द्वारा जान-बूझकर बदनाम किया जाता है, खासतौर से सांप्रदायिक मुस्लिम नेतृत्व इस पर इस उद्देश्य से हमला करता है ताकि यह बल निरुत्साहित हो और उसके नापाक इरादों में रुकावट न बन सके। पी.ए.सी. के ये तथाकथित समर्थक हमें यह विश्वास दिलाना चाहते हैं कि पी.ए.सी. के व्यवहार में हिंदू समर्थक विसंगतियाँ केवल 1980 में मुरादाबाद ईदगाह

की घटना के बाद दिखाई देने लगी थीं, और यह भी अपने खिलाफ लगाए जानेवाले निराधार आरोपों की प्रतिक्रिया अधिक थी, और यह प्रतिक्रिया अपनी आलोचना के विरुद्ध हिंदुओं के बीच अपने समर्थक तलाशने का प्रयास है।

यह सच है कि 1973 के विद्रोह के पहले पी.ए.सी. ने पूरे देश में शांति-व्यवस्था की बिगड़ी स्थितियों में बहुत अच्छा प्रदर्शन किया। खासतौर से उत्तर-पूर्व के राज्यों में राष्ट्रद्रोही संघर्षों को कुचलने में इसका बहुत अधिक योगदान रहा। लेकिन यह भी एक तथ्य है कि 1960 के बाद उत्तर प्रदेश में एक भी दंगा नहीं हुआ, जिसमें सामाजिक कार्यकर्ताओं और मानवाधिकार संगठनों ने पी.ए.सी. की भूमिका को पक्षपातपूर्ण और विशेष रूप से मुस्लिम विरोधी न पाया हो। सांप्रदायिक दंगों में सबसे अधिक नुकसान उठानेवाले अल्पसंख्यकों का विश्वास पी.ए.सी. कभी हासिल नहीं कर सकी। मुरादाबाद (1980) में ईदगाह में हुई घटना निश्चित रूप से पी.ए.सी. के संगठनात्मक ढाँचे की कमियों और उसके व्यवहार को राष्ट्रीय स्तर पर उजागर करनेवाली पहली बड़ी घटना थी। इसके बावजूद न तो किसी को दंडित किया गया और न ही उसमें कोई संगठनात्मक परिवर्तन किया गया। इससे पी.ए.सी. का हौसला और बुलंद हुआ। इसके बाद साल-दर-साल लगभग सभी दंगों में पी. ए.सी. ने अपना मुस्लिम विरोधी प्रदर्शन जारी रखा। इसकी तार्किक परिणति 1987 में मेरठ में हुई, जब पी.ए.सी. ने हाशिमपुरा मुहल्ले में कई मुस्लिम नवयुवकों को उठाया और उन्हें बड़े ही नृशंस तरीकों से गाजियाबाद के पास दो विभिन्न स्थानों पर मौत के घाट उतार दिया। हाशिमपुरा की घटना उन वरिष्ठ पुलिस अधिकारियों के लिए एक चेतावनी होनी चाहिए जो पुलिस में अल्पसंख्यकों के प्रतिनिधित्व का विरोध करते हैं। अल्पसंख्यकों के लिए पुलिस में आरक्षण के विरुद्ध जो तर्क दिए जाते हैं, उनमें से मुख्य इस प्रकार हैं—इस तरह के आरक्षण से पुलिस-बल में सांप्रदायिकता बढ़ेगी, धर्म के आधार पर चुने गए कांस्टेबल बैरकों और लाइन्स में लड़-कट मरेंगे और एक समय ऐसा भी आ सकता है जब सांप्रदायिक आधार पर चुने गए ये पुलिसकर्मी अपने से भिन्न धर्मावलंबी अधिकारियों के आदेश मानने से इनकार कर दें, जिससे बल का अनुशासन खतरे में पड़ने की आशंका हो सकती है। पुलिस का यह नेतृत्व ऐसे तर्क देते समय इस तथ्य से आँख चुरा लेता है कि जिस बल का वह नेतृत्व कर रहे हैं, सांप्रदायिकता के विषाणुओं से तो वह पहले ही ग्रस्त हो चुका है। हाशिमपुरा प्रकरण और अयोध्या में

हाल ही में बाबरी मस्जिद के ध्वंस तथा उसके बाद सूरत और बंबई के दंगों से यह स्पष्ट हो जाता है कि उनके संगठन में सब कुछ ठीक-ठाक नहीं है और उनकी पुलिस एवं पी.ए.सी. के कर्मियों का आचरण गंभीर व्याधियों से ग्रस्त है। यदि यह नेतृत्व इन तथ्यों की अनदेखी करता है तो इसका केवल एक ही अर्थ निकाला जा सकता है कि ये अपना संगठन सुधारने के लिए बिल्कुल उत्सुक नहीं है एवं हमें यह निष्कर्ष निकालने के लिए बाध्य होना पड़ेगा कि वे भी उसी सांप्रदायिक सोच के शिकार हैं, जिससे बहुसंख्यक समुदाय के काफी लोग प्रभावित हैं।

उत्तर प्रदेश में एक प्रयोग ऐसा हुआ है, जिसके बारे में जानना बहुत दिलचस्प होगा और जो सिर्फ इसलिए असफल रह गया कि उसे क्रियान्वित करने वाले पुलिस अधिकारी अपने पूर्वाग्रह छोड़ नहीं पाए। 1980 के प्रदेशव्यापी दंगों के दौरान तत्कालीन मुख्यमंत्री श्री विश्वनाथप्रताप सिंह ने यह निर्णय लिया था कि वे विशेष सेवादल के नाम से पी.ए.सी. की कुछ ऐसी बटालियनें खड़ी करेंगे, जिनमें अल्पसंख्यकों का पर्याप्त प्रतिनिधित्व होगा। जब इन बटालियनों को खड़ा किया गया तो न्यस्त स्वार्थी तत्त्वों ने यह सुनिश्चित किया कि इनमें भी पी.ए.सी. की औसत बटालियनों की तरह मुसलमानों का प्रतिनिधित्व 3 प्रतिशत से 4 प्रतिशत तक ही रहे। फलस्वरूप यह सारा प्रयास ही असफल हो गया और इसके परिणाम भी बहुत आश्चर्यजनक नहीं रहे। सन् 1987 में मेरठ के हाशिमपुरा मुहल्ले से मुस्लिम नवयुवकों को अपहृत करके उन्हें नृशंस तरीकों से मारनेवाले नौजवान इन्हीं विशेष सेवादल बटालियनों में से एक '41वीं बटालियन' में से थे। सशस्त्र पुलिस बटालियनों के कार्यकारी समूहों में अल्पसंख्यकों के प्रतिनिधित्व (ज्यादातर सशस्त्र पुलिस-बलों में एक सेक्शन और कुछ में आधार सेक्शन) के अभाव ने अधिकतर पुलिस संगठनों के व्यवहार में इससे मिलती-जुलती आपराधिक और गैर-पेशेवराना विसंगतियाँ उत्पन्न की हैं। इस तरह के उदाहरण अनेक हैं, पर उनमें से कुछ का ही उल्लेख पर्याप्त होगा।

भागलपुर (1989) के दंगों के दौरान सौ से अधिक मुसलमान दंगा-पीड़ित फौज द्वारा बिहार पुलिस की एक टुकड़ी को सौंपे गए, जिसका नेतृत्व एक सहायक उप-निरीक्षक कर रहा था। लोगायँ गाँव के ये दंगा-पीड़ित अपने 'रक्षकों' द्वारा जान-बूझकर की गई लापरवाही के चलते मारे गए। बाबरी मस्जिद गिरने के बाद हुए बंबई के दंगों में पुलिस कंट्रोल रूम से हिंदू बलवाइयों को निर्गत होनेवाले संदेश एक सामाजिक कार्यकर्ता तीशता शीतलवाड

द्वारा रिकार्ड किए गए और बाद में बहुत-से अखबारों में छपे भी। भिवंडी के दंगों (1970) के दौरान तलाशियों, गिरफ्तारियों और तफतीशों के सिलसिले में भेदभाव इतना मुखर था कि इन दंगों की जाँच करनेवाले न्यायिक आयोग ने मजबूरन पुलिस के विरुद्ध बहुत गंभीर आक्षेप लगाए।

विभिन्न पुलिस संगठनों में अल्पसंख्यकों के प्रतिनिधित्व में वृद्धि सांप्रदायिक दंगों के दौरान पुलिस-व्यवहार में दो तरह से सुधार लाएगी। एक तो पुलिस में अधिक मुसलमानों, ईसाइयों और सिक्खों की भर्ती करके पुलिसकर्मियों को भिन्न धर्मावलंबियों के बारे में बेहतर आपसी समझ उत्पन्न करने में मदद मिलेगी। एक ही बैरक में रहते हुए, एक लंगर में खाना खाते हुए, एक मैदान में खेलते हुए अथवा एक ही जैसी ड्यूटी साथ-साथ निभाते हुए भिन्न धर्मावलंबी पुलिसकर्मियों के बीच खास तरह के भाईचारे का भाव उत्पन्न होगा और इससे एक-दूसरे के बारे में मन में पलनेवाले दुराग्रहों और ग्रंथियों से मुक्ति भी मिलेगी। साथ-साथ रहने मात्र से ही एक-दूसरे के धर्म के मामले में बेहतर समझ उत्पन्न होगी। दूसरे, कार्यकारी पुलिस दलों (सेक्शन, प्लाटून अथवा कंपनी) में अल्पसंख्यकों का प्रतिनिधित्व दंगों से निपटने के उनके तौर-तरीकों पर भी बड़ा निर्णायक असर डालेगा। एक ऐसा पुलिस कार्यकारी दल जिसमें विभिन्न आस्थाओं का समावेश हो, गिरफ्तारियों, बल-प्रयोग अथवा गिरफ्तार व्यक्तियों के साथ अपने व्यवहार में उस तरह का भेदभाव नहीं बरत पाएगा, जैसा हम इस अध्ययन के दौरान जगह-जगह पाते हैं।

संयुक्त राष्ट्र अमेरिका और ब्रिटेन में नस्ली और जातीय समूहों को पुलिस बलों में प्रतिनिधित्व दिए जाने का प्रयोग सफलतापूर्वक किया जा चुका है। अश्वेत, एशियाई मूल तथा आयरिश लोगों के प्रतिनिधित्व में वृद्धि से औसत गोरे अमरीकी या अंग्रेज पुलिसकर्मी को अपने दुराग्रह छोड़ने और अल्पसंख्यकों से निपटते समय अपने आचरण को बेहतर बनाने में मदद मिली है।

मेरा सुझाव है कि अल्पसंख्यक पुलिसकर्मियों को अपनी आबादी के अनुपात में प्रतिनिधित्व मिलना चाहिए। अल्पसंख्यकों का प्रतिनिधित्व पुलिस-बल में कम-से-कम 10 प्रतिशत से 12 प्रतिशत होना चाहिए। इरा अध्ययन के दौरान जब-जब पुलिस-बल में अल्पसंख्यकों के लिए आरक्षण की बात उठी, अलग-अलग स्तरों के पुलिस अधिकारियों ने जमकर इसका विरोध फिया। पुलिस में भर्ती होने के प्रति अल्पसंख्यकों, खास तौर से मुसलमानों में दिलचस्पी का अभाव, शिक्षा की कमी और पिछड़ेपन जैसे कुछ कारण इस

स्थिति के लिए जिम्मेदार बताए गए। इस अध्ययन के दौरान इन सारे कारणों की गहराई से छानबीन नहीं की गई, क्योंकि ऐसा करना अध्ययन की परिधि के बाहर था। साथ ही अक्सर मिलने वाली उन शिकायतों की पड़ताल भी नहीं की गई, जिनके अनुसार भर्ती बोर्डों द्वारा जान-बूझकर यह सुनिश्चित किया जाता है कि सर्वथा योग्य होने पर भी अल्पसंख्यकों का चयन न हो सके। इन मुद्दों पर अलग से पड़ताल और शोध किया जाना चाहिए। इस अध्ययन के दौरान मैं केवल पुलिस में अल्पसंख्यकों के अधिक प्रतिनिधित्व की सिफारिश कर रहा हूँ। यह आरक्षण द्वारा भी हो सकता है और संगठन में कुछ बेहतर कार्यप्रणाली विकसित करके भी।

2. प्रशिक्षण

पुलिस में प्रशिक्षण का महत्त्व कोई छिपी हुई बात नहीं है। यह केवल प्रशिक्षण के माध्यम से ही संभव होता है कि कच्चे माल के रूप में प्राप्त होने वाला कोई रंगरूट एक पेशेवर पुलिसकर्मी के रूप में ढलता है। सन् 1859 में वेल्लौर (मद्रास प्रेसिडेंसी) में सिपाहियों के लिए खुलनेवाले पहले प्रशिक्षण स्कूल ने देश में पुलिसकर्मियों के लिए संगठित और व्यवस्थित प्रशिक्षण-युग की शुरुआत की थी। यद्यपि भारत की नागरिक सेवाओं में पुलिस वह पहला संगठन था, जिसने संस्थागत प्रशिक्षण की शुरुआत की, लेकिन बाद के वर्षों में प्रशिक्षण की सबसे अधिक उपेक्षा भी इसी संगठन में हुई। पुलिस में प्रशिक्षण को न सिर्फ दोयम दर्जा मिला, वरन् इसमें दिया जानेवाला प्रशिक्षण अपने समय की सच्चाइयों एवं चुनौतियों से धीरे-धीरे कटता गया।

प्रशिक्षण को पुलिस संगठनों में कितना महत्त्व दिया जाता है, यह इस तथ्य से समझा जा सकता है कि ज्यादातर राज्य पुलिस-बलों में बुनियादी प्रशिक्षण के बाद अधिकांश पुलिस-बलों को रिटायरमेंट के पहले किसी अन्य प्रशिक्षण कार्यक्रम में सम्मिलित नहीं किया जाता। यह बात भर्ती के सभी स्तरों, जैसे सिपाही, उप-निरीक्षक तथा पुलिस उपाधीक्षक, पर लागू होती है। एक सिपाही जो अट्ठारह से बीस वर्ष की उम्र में पुलिस-बल में भर्ती होता है, अपनी सेवा के अगले 35-40 वर्षों में किसी अन्य प्रशिक्षण-कार्यक्रम में शामिल नहीं होता। भारतीय पुलिस को मध्य और शीर्ष स्तर का नेतृत्व प्रदान करने वाले भारतीय पुलिस सेवा के अधिकारियों के बारे में भी कमोबेश यही सच है। राष्ट्रीय पुलिस अकादमी से अपना बुनियादी प्रशिक्षण समाप्त करने के बाद उन अधिकारियों को बहुत कम प्रशिक्षण-कार्यक्रमों से गुजरना पड़ता

है और बहुत-से अधिकारियों के मामले में ऐसा भी है कि उन्होंने राष्ट्रीय पुलिस अकादमी का प्रशिक्षण प्राप्त करने के बाद किसी भी अन्य प्रशिक्षण-कार्यक्रम में भाग नहीं लिया।

नियमित प्रशिक्षण-कार्यक्रमों से न सिर्फ विभिन्न स्तरों के पुलिस अधिकारियों को पेशेवर रूप से अपना कर्तव्य निभाने और निर्धारित लक्ष्य को प्राप्त करने में मदद मिलेगी, बल्कि इससे उनके मस्तिष्क के जाले भी साफ होंगे जो उन्हें दूसरे धर्मावलंबियों के बारे में तरह-तरह की गलत धारणाएँ तथा दुराग्रह कायम करने में मदद करते हैं। पुलिस-प्रशिक्षण की विस्तृत समीक्षा करने के लिए नियुक्त गोरे समिति ने जोर देकर कहा था कि 'समस्त आधुनिक उपकरणों और प्रशिक्षण के बावजूद यदि पुलिसकर्मियों का मस्तिष्क जाति, धर्म एवं क्षेत्रीयता के दुराग्रहों से मुक्त नहीं है तो ये कुछ हासिल नहीं कर सकते।' दरअसल बुनियादी प्रशिक्षण और बाद के प्रशिक्षण-हस्तक्षेप का वास्तविक उद्देश्य ही पुलिसकर्मियों के मस्तिष्क को इन दुराग्रहों से मुक्त करना होना चाहिए।

उचित यह होगा कि हर पाँच-सात वर्ष के बाद और हर तरक्की के पहले विभिन्न श्रेणियों के पुलिस अधिकारियों के नए प्रशिक्षण-कार्यक्रम बनाए जाएँ। इन प्रशिक्षण-कार्यक्रमों का मुख्य जोर मानव-व्यवहार के अध्ययन पर होना चाहिए। इन्हें इस तरह विकसित किया जाना चाहिए कि इनके माध्यम से एक औसत पुलिसकर्मी को दूसरे धर्मों के बारे में बेहतर समझ विकसित करने में मदद मिले। विशेष रूप से बनाए गए प्रशिक्षण-कार्यक्रमों के जरिए जातीय, क्षेत्रीय या भाषिक संघर्षों को वस्तुगत ढंग से समझने में उसकी मदद की जानी चाहिए। प्रशिक्षण का मुख्य उद्देश्य प्रशिक्षणार्थी को यह समझाना होना चाहिए कि खाकी वर्दी पहनने के बाद वह हिंदू या मुसलमान नहीं रह जाता। उसकी निष्ठा सिर्फ संविधान और देश के विभिन्न कानूनों के प्रति होनी चाहिए। इन उद्देश्यों को हासिल करने के लिए यह आवश्यक है कि मौजूदा प्रशिक्षण-कार्यक्रमों में आमूलचूल परिवर्तन किए जाएँ। मेरा सुझाव है कि इस तरह के प्रशिक्षण-कार्यक्रमों को विकसित करने के लिए महत्त्वपूर्ण समाजशास्त्रियों, मनोवैज्ञानिकों और नृतत्वशास्त्रियों को जोड़ा जाना चाहिए। धर्मनिरपेक्षता, कट्टरता के खतरे और सहिष्णुता के महत्त्व जैसे विषय पुलिस-प्रशिक्षण में शरीक किए जा सकते हैं। सांप्रदायिक दंगों से निपटने के पुलिस के अनुभव और खासतौर से कुछ दंगों में पुलिस की असफलता के विस्तृत कारणों की छानबीन को भी विभिन्न स्तरों के कार्यक्रमों में शामिल

किया जाना चाहिए। सभी धर्मों का सार तथा उनमें निहित अच्छी बातें भी पुलिसकर्मियों को पढ़ाई जानी चाहिए। इससे नए भर्ती हुए पुलिसकर्मियों को विभिन्न धर्मों को समझने में मदद तो मिलेगी ही, वे अपने उन दुराग्रहों को भी छोड़ सकेंगे जिन्हें पुलिस में भर्ती होने के पहले ही समाज ने उनके ऊपर लाद दिया होता है। वरिष्ठ पुलिस अधिकारियों के लिए उन महत्त्वपूर्ण दंगों का अध्ययन विस्तार से करना आवश्यक बनाया जाना चाहिए, जिनमें पुलिस की कार्यप्रणाली की विभिन्न न्यायिक आयोगों, मानवाधिकार संगठनों अथवा मीडिया द्वारा आलोचना की गई हो। इनमें अहमदाबाद (1969), भिवंडी (1970), भागलपुर (1989) अथवा बाबरी मस्जिद के विध्वंस (1992), जैसे अनुभव प्रमुखता से शामिल किए जाने चाहिए। जातीय तथा नस्ली दंगों से निपटने में ब्रिटिश तथा अमेरिकी पुलिस के अनुभव भी वरिष्ठ पुलिस अधिकारियों के लिए उपयोगी हो सकते हैं। एक मॉडल प्रशिक्षण कार्यक्रम बनाना काफी श्रमसाध्य एवं समय लेने वाला है, इसलिए इस अध्ययन में इसका प्रयास नहीं किया गया है। इस संबंध में अलग से प्रयास की जरूरत है।

3. उत्तरदायित्व का निर्धारण

यद्यपि पुलिस और मजिस्ट्रेसी के वरिष्ठ अधिकारियों की जिम्मेदारी निर्धारित करने के बारे में बहुत कुछ कहा गया है, किंतु वास्तविकता में हमें ऐसे उदाहरण बहुत कम मिलते हैं, जब किसी सांप्रदायिक दंगे में विफलता के लिए वरिष्ठ अधिकारियों को उत्तरदायी ठहराया अथवा दंडित किया गया हो। दंगा रोकने में विफल होने पर अधिक से अधिक कुछ निचले ओहदे के अधिकारियों को निलंबित कर दिया जाता है। यह दंड भी वास्तविक दोषियों की पहचानकर दंडित करने से अधिक लोगों की आँखों में धूल झोंकने जैसा होता है। अधिकांश मामलों में आलोचना-प्रत्यालोचना थमते ही निलंबित अधिकारी को बहाल कर दिया जाता है। निलंबन को चूँकि दंड नहीं माना जाता, इसलिए यह निष्कर्ष आसानी से निकाला जा सकता है कि अधिकतर मामलों में दोषी अधिकारियों को कोई दंड नहीं दिया जाता।

सांप्रदायिकता पर गठित समिति द्वारा तैयार और राष्ट्रीय एकता परिषद् के 21 जून, 1969 के अधिवेशन में स्वीकृत प्रस्ताव में सांप्रदायिक शांति एवं सद्भाव बनाए रखने के लिए वरिष्ठ अधिकारियों की जिम्मेदारियों का निर्धारण बड़े स्पष्ट शब्दों में किया गया है। इसके कुछ सुझाव इस प्रकार हैं

1. सांप्रदायिक दंगों को रोकने के लिए प्रभावी कार्यवाही न कर पाने पर जिला मजिस्ट्रेट एवं पुलिस अधीक्षक को व्यक्तिगत रूप से उत्तरदायी ठहराया जाना चाहिए।
2. त्वरित एवं प्रभावी कार्यवाही में असफल होना कर्तव्यपालन में असफलता माना जाना चाहिए और संबंधित अधिकारियों के खिलाफ तदनुसार कार्यवाही की जानी चाहिए तथा आवश्यकता पड़ने पर सेवा की शर्तों में संशोधन करना चाहिए।
3. ऐसी प्रक्रिया को प्रोत्साहित किया जाना चाहिए जिसके माध्यम से सांप्रदायिक दंगों को रोकने या उनसे प्रभावी रूप में निपटने पर पुलिसकर्मियों को किए जाने की व्यवस्था हो सके। दोषी अधिकारियों को सजा न मिल पाने का एक कारण जाँच आयोगों द्वारा अपनी जाँच-रपट पेश करने में लिया जानेवाला लंबा समय है और अक्सर तो लंबे अंतराल के बाद पेश की जानेवाली उनकी रपटों को सरकारें बिना कोई कार्यवाही किए धूल चाटने के लिए छोड़ देती हैं। एक जाँच आयोग अपना कार्य समाप्त करने के लिए औसतन पाँच से सात वर्षों का समय लेता है। इसके बहुत-से कारण हो सकते हैं, जिनमें प्रमुख हैं—आयोग को आवश्यक सुविधाएँ मुहैया करने में सरकारों की अरुचि, नौकरशाही द्वारा आयोग के साथ असहयोग, आयोग के समक्ष समय से गवाह एवं दस्तावेज़ उपलब्ध न होना, वकीलों द्वारा कार्यवाही को लंबा खींचने का प्रयास तथा अवकाश-प्राप्त न्यायाधीशों द्वारा आयोग के सदस्य के रूप में प्राप्त सुविधाओं का दीर्घकाल तक उपभोग करने की इच्छा। देरी के कारण कुछ भी हों, पर इससे दोषी अधिकारियों को दंड मिलने की संभावनाएँ अधिकाधिक धूमिल होती जाती हैं। यह एक दुर्भाग्यपूर्ण तथ्य है कि जाँच आयोगों में लोगों की आस्था धीरे-धीरे कम होती जा रही है। किसी सांप्रदायिक दंगों के संबंध में जाँच आयोग की नियुक्ति की घोषणा को दंगों से निपटने में हुई असफलताओं की पड़ताल से अधिक दोषी अधिकारियों को बचाने तथा लोगों का ध्यान बँटाने के प्रयास के रूप में देखा जाता है।

उन मामलों में भी, जहाँ दोषियों को दंडित किया गया है, यह पाया गया कि दोष के अनुपात में दंड की मात्रा बहुत कम थी और दंड अक्सर निचले

स्तर के अधिकारियों को ही दिया गया। इस तथ्य को समझने के लिए दो उदाहरण काफी होंगे। इस अध्ययन के दौरान मैंने पाया कि भागलपुर (1980) लोगायँ गाँव में एक ही स्थान पर 116 मुसलमानों की नृशंस हत्या की गई। एक महीने से अधिक समय तक जिला प्रशासन ऐसी किसी भी घटना की जानकारी से इनकार करता रहा। इस जघन्य कार्य के लिए, जो सबसे वरिष्ठ पुलिस अधिकारी दंडित किया गया, वह एक सहायक उप-निरीक्षक था। किसी वरिष्ठ अधिकारी को कोई दंड नहीं दिया गया। यही मेरठ (1987) के दंगों में भी हुआ। हाशिमपुरा और मलियाना-जैसी नृशंस घटनाओं के बाद भी किसी पुलिस-अधिकारी को दंड का पात्र नहीं पाया गया।

मेरा सुझाव है कि—

1. राष्ट्रीय एकता परिषद की सिफारिशों को उनकी सच्ची भावनाओं के साथ स्वीकार किया जाए।
2. ऐसी वैधानिक व्यवस्था होनी चाहिए कि किसी दंगे को शांत करने में लापरवाही बरतनेवाले जिला मजिस्ट्रेट एवं पुलिस अधीक्षक को अनिवार्य रूप से दंड मिल सके।
3. नौकरशाही को सही संदेश पहुँच सके, इसलिए यह आवश्यक होगा कि किसी भौगोलिक क्षेत्राधिकार में दंगा रोकने के लिए नियुक्त किए गए अधिकारी उनके क्षेत्र में दंगा भड़कने की स्थिति में अविलंब मुअत्तल या निलंबित कर दिए जाएँ। ये अधिकारी थानाध्यक्ष से लेकर जिला मजिस्ट्रेट अथवा पुलिस अधीक्षक तक हो सकते हैं।
4. यह भी आवश्यक है कि जाँच आयोग, राज्य सी.आई.डी. अथवा सी.बी.आई. को सौंपी गई जाँचें समयबद्ध हों और हर हाल में उन्हें एक निश्चित समय-सीमा के अंदर पूरा कर लिया जाए।
5. इन संस्थाओं की जाँच रिपोर्टें सचिवालयों में धूल चाटने के लिए नहीं छोड़ी जानी चाहिए बल्कि उन पर ईमानदारी से कार्यवाही होनी चाहिए।

परिशिष्ट

परिशिष्ट 'अ'

दंगा-पीड़ितों के लिए प्रश्नावली

नाम :
पिता का नाम :
धर्म :
आयु :
रोजगार :
शिक्षा :

सही उत्तर को चिह्नित करें :

1. सांप्रदायिक दंगों के दौरान आप पुलिस को किस रूप में पाते हैं ?
मित्र ( ), शत्रु ( ), तटस्थ ( )

2. क्या आप सांप्रदायिक दंगों के दौरान पुलिस से मदद माँगने जाएँगे ?
हाँ ( ), नहीं ( ), कह नहीं सकते ( )

3. सांप्रदायिक दंगों के दौरान आप अपने क्षेत्र में किस बल की तैनाती चाहेंगे ?

नागरिक पुलिस ( ), पी.ए.सी. ( ), केंद्रीय रिर्जव पुलिस बल ( ), सेना ( )

4. पुलिस से आप सांप्रदायिक दंगों के दौरान क्या अपेक्षा करेंगे ?

(अ) बलवाइयों के खिलाफ सख्ती तथा निर्मम कार्यवाही ( )

(ब) बलवाइयों के खिलाफ बिना किसी भेदभाव के सख्त कार्यवाही ( )

(स) ढुलमुल कार्यवाही ( )

परिशिष्ट 'ब'

पुलिस अफसरों के लिए प्रश्नावली

नाम :
आयु :
शैक्षणिक योग्यता :
पद :

1. सांप्रदायिक संघर्षों के दौरान आप पुलिस की निष्पक्षता को किस तरह से पारिभाषित करेंगे ?

2. क्या आपने कभी किसी सांप्रदायिक दंगे के दौरान पुलिसकर्मियों के व्यवहार में कोई सांप्रदायिक भेदभाव देखा है ?

3. क्या आप समझते हैं कि पुलिस लाइनों अथवा थानों में मंदिर, मस्जिद, गुरुद्वारों अथवा गिरजाघरों का निर्माण उचित है ?

4. क्या आप समझते हैं कि पुलिस-कार्यालयों में देवी-देवताओं की तस्वीरें टाँगने अथवा पुलिस साइनबोर्डों पर गीता के श्लोक लिखने (जैसा कि उत्तर प्रदेश पुलिस करती है) अथवा पुलिस-समारोहों में पूजा करने या पुलिस के रोजमर्रा के जीवन में नारियल तोड़ने जैसे धार्मिक प्रतीकों का उपयोग उचित है ?

परिशिष्ट 'स'

अवध के चीफ कमिश्नर के सचिव, 'जार्ज कूपर' द्वारा 1 दिसंबर, 1887 को 'जी. एफ. एडमॉन्सटन' को लिखा गया पत्र।

> महामहिम गवर्नर जनरल को दिनांक 14 सितम्बर को लिखे गए चीफ कमिश्नर के पत्र का संदर्भ लें, जिसमें उन्होंने कहा था कि मुसलमान विद्रोहियों के खिलाफ बरेली की हिंदू जनता को भड़काने के लिए उन्होंने 50,000 रुपए स्वीकृत किए हैं। मुझे आदेश हुआ है कि मैं कैप्टन गॉवर के पिछले महीने की 14 तारीख के पत्र के कुछ अंश आपकी सेवा में प्रेषित करूँ, जिससे महामहिम और उनकी काउंसिल को अंदाज लग सकेगा कि यह प्रयास पूरी तरह असफल रहा और स्वीकृत धनराशि में से बिना कोई अंश खर्च किए ही उसे समाप्त कर दिया गया।

कैप्टन गॉवर के पत्र की प्रतिलिपि

> यहाँ के ठाकुरों को किसी भी संख्या में लड़ाके इकट्ठा करने के लिए प्रेरित करने में मैं पूरी तरह असफल रहा। मुझे यह विश्वास दिलाया गया था कि वे सरकार को प्रभावी सहायता देने के लिए तैयार हैं, किंतु मैंने पाया कि यह सहायता केवल वर्तमान में उनकी शुभकामनाओं और भविष्य के लिए इस डींग से अधिक नहीं है कि यदि उन्हें एक मजबूत यूरोपीय सेना की मदद मिले तो वे क्या-क्या कर सकते हैं; और साथ ही यह भी कि यह यूरोपीय सेना उनके बिना ज्यादा बेहतर काम कर सकती है और उनकी उपस्थिति तो इनके सामने रुकावटें ही खड़ी करेगी। फलस्वरूप मैंने कोई धन खर्च नहीं किया और किसी मकसद के लिए सरकार का कोई चेक नहीं भुनाया।

●●●